1000人の「そこが知りたい！」を集めました
お金に弱い人のための面倒が起きない相続

円満相続税理士法人大宮事務所 代表税理士
加藤海成 監修

相続は他人ごとじゃない！
「早めの対策」で財産を守ろう

親が高齢で、このままいくと近い将来に遺産相続が待っている。

そのとき自分は一体どう立ち回ればいいのか――

オレンジページでは「相続」についてアンケートを実施。ほぼ1000人以上の方から、さまざまな声が集まりました。

「そもそも遺産相続ってどのような流れで行うの？」

「手続きが難しそうで心配」

「きょうだい仲が悪く、遺産相続でもめそう……」

「相続税って、一体いくらかかるのか…見当もつかない」

「生前贈与をするとお得らしいけど、損することもあると聞いた」

いざ相続を目の前にすると、「事務手続きやお金の計算が複雑そうで、不安が大きい」。そう考える人が多数でした。

本書は、相続についての不安や疑問をまるごと解消する一冊。

知識ゼロの人、はじめて相続を迎える人、相続が始まったけれど不明点だらけ、といった人に向けて役立つ情報を集めました。

今すぐできることから進めておけば、いざというときに慌てず、スムーズに相続を終わらせることができます。

親御さんが築いてきた大事な遺産を気持ちよく受け継げるよう、正しい知識を身につけておきましょう！

ほぼ

1000人にアンケート

相続に関して、不安なことは？ 本音を徹底リサーチ

初歩的なところを知らない人が続出！

相続についてオレンジページメンバーズにアンケートを行ったところ、半数以上もの人が「相続の基本を知りたい！」と回答しました。ほかには、「トラブルにならない遺産の分配方法」や「親の遺産の把握方法」などが上位に。「そもそも何が相続財産なのか」という声もありました。また「生前贈与」など相続税への対策についても関心が高く、さまざまな悩みを抱えていることがわかりました。

相続のこと把握できている？
「そこが知りたい！」ランキング
（n＝794　複数回答／5つまで選択可／上位5位までを抜粋）

1. 相続の基本を知りたい！ …………………… 54.9％
2. なるべくトラブルなく財産を分配する方法って？……… 36.6％
3. 親の財産って、どうやって把握するの？ …………… 35.6％
4. 生前贈与って何？ ……… 29.5％
5. 相続財産に該当するものって？ …………… 27.8％

※アンケートは2023年11月オレンジページ調べ　対象：「オレンジページメンバーズ」国内在住の男女（回答者数1083人）

相続について、みんなはどう考えてる？

親に相続について
聞くこと自体が
はばかられる……
（60代・男性）

できるなら損は
したくない。節税や手続きなど
できることがあれば
早めに実施したい。
（50代・女性）

手続きが大変だと思う。
きょうだいも私も
実家から遠いので、
なかなか集まれない。
（40代・女性）

いろいろと難しい
ことがありそうなので
はじめから専門家に
頼んだほうが、
安心な気がする。
どういう人に依頼するのが
いいのか、費用のことも
含めて知りたい。
（70代・女性）

死亡してからだと
銀行などが使えなくなり
手続きが面倒と聞いたことが
ある。そうなる前にできることが
あれば、知っておきたい。
（30代・女性）

親から相続する
財産をどう自分の
子供に引き継ぐか悩む。
（40代・男性）

親が元気なうちに、
生前贈与を
考えておくべきだった。
（50代・女性）

相続について調べたことは？＆そのとき何で調べた？
（n＝1083　複数回答／5つまで選択可）

1. 調べたことはない …… 46.9％
2. インターネットで調べた …… 30.6％
3. 本や雑誌で調べた …… 18.1％
4. 司法書士、弁護士、税理士など専門家から話を聞いた …… 17.6％
5. 家族・親族から話を聞いた …… 13.1％
6. 友人・知人から話を聞いた …… 11.0％

相続についてやっておきたい＆やっておきたかったこと
（n＝794　複数回答／5つまで選択可／上位10位までを抜粋）

1. 相続の基礎知識と手続き方法を調べる …… 49.2％
2. 親の財産の把握 …… 37.8％
3. トラブルにならない遺産の分配方法を知る …… 29.1％
4. 何が相続財産に該当するかを調べる …… 26.2％
5. 生前贈与の基礎知識と手続き方法を調べる …… 24.5％
6. 親やきょうだいと相続に関して相談する …… 20.4％
7. 相続税にまつわる法改正の内容と対応方法を調べる …… 17.0％
8. 親の保険の契約状況、受取人の把握 …… 16.7％
9. 弁護士、司法書士、税理士など専門家を探して相談に行く …… 16.0％
10. 親に遺言書の作成を促す …… 11.4％

Q. 相続について困っていることはありますか？（n＝1083　複数回答）

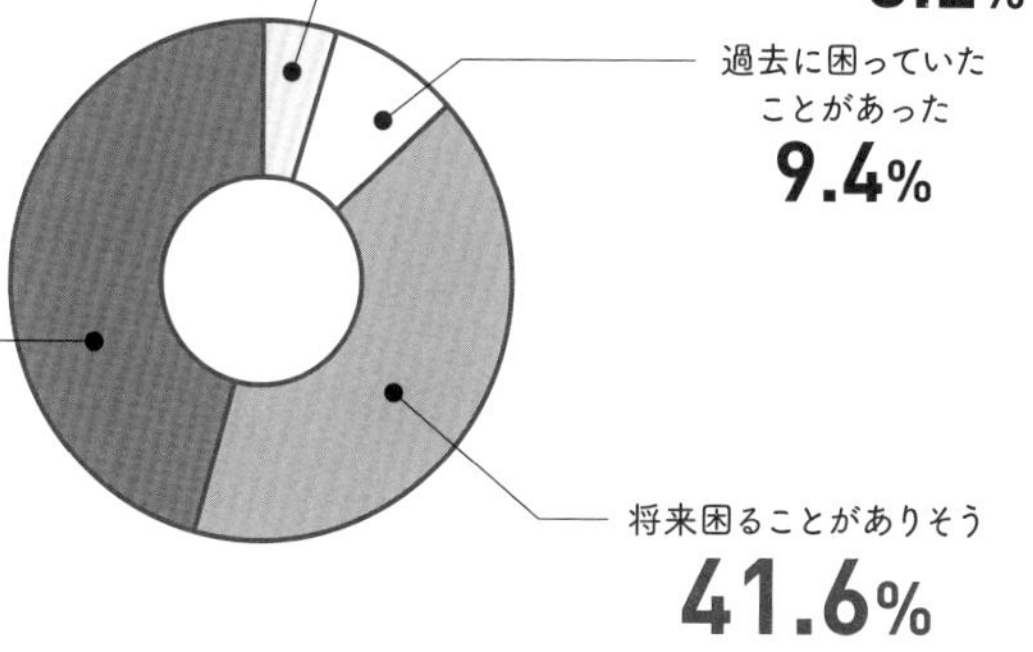

中にはこんな声も

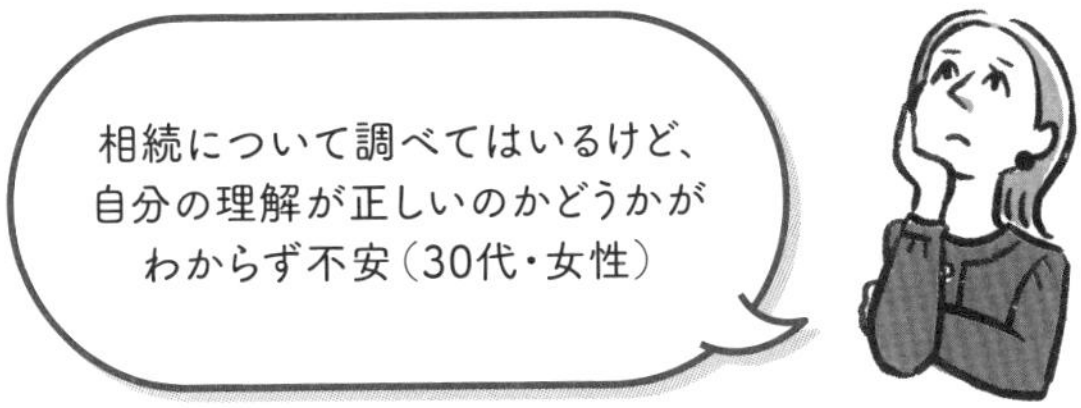
相続について調べてはいるけど、
自分の理解が正しいのかどうかが
わからず不安（30代・女性）

「今、困っているわけじゃない」けど遺産相続は急にくる！

アンケートでは、相続の基本から知りたいと不安を抱える人は多いものの、半数ほどの人が相続について「調べたことはない」「過去も今も困っておらず、将来も困ることはなさそう」と回答しています。

相続は人生で何度も経験することのないイベントなので、あらかじめ予定に入れることもできません。しかし、遺産の分配でもめた、相続税を払うお金がない、法改正を知らずに損をした、「準備さえしていれば、知識さえあれば……」と後悔している人は後を絶ちません。

相続は「備えあれば憂いなし」なのです。

親から引き継ぐ大切な財産を守りましょう

お金に弱い人のための面倒が起きない相続

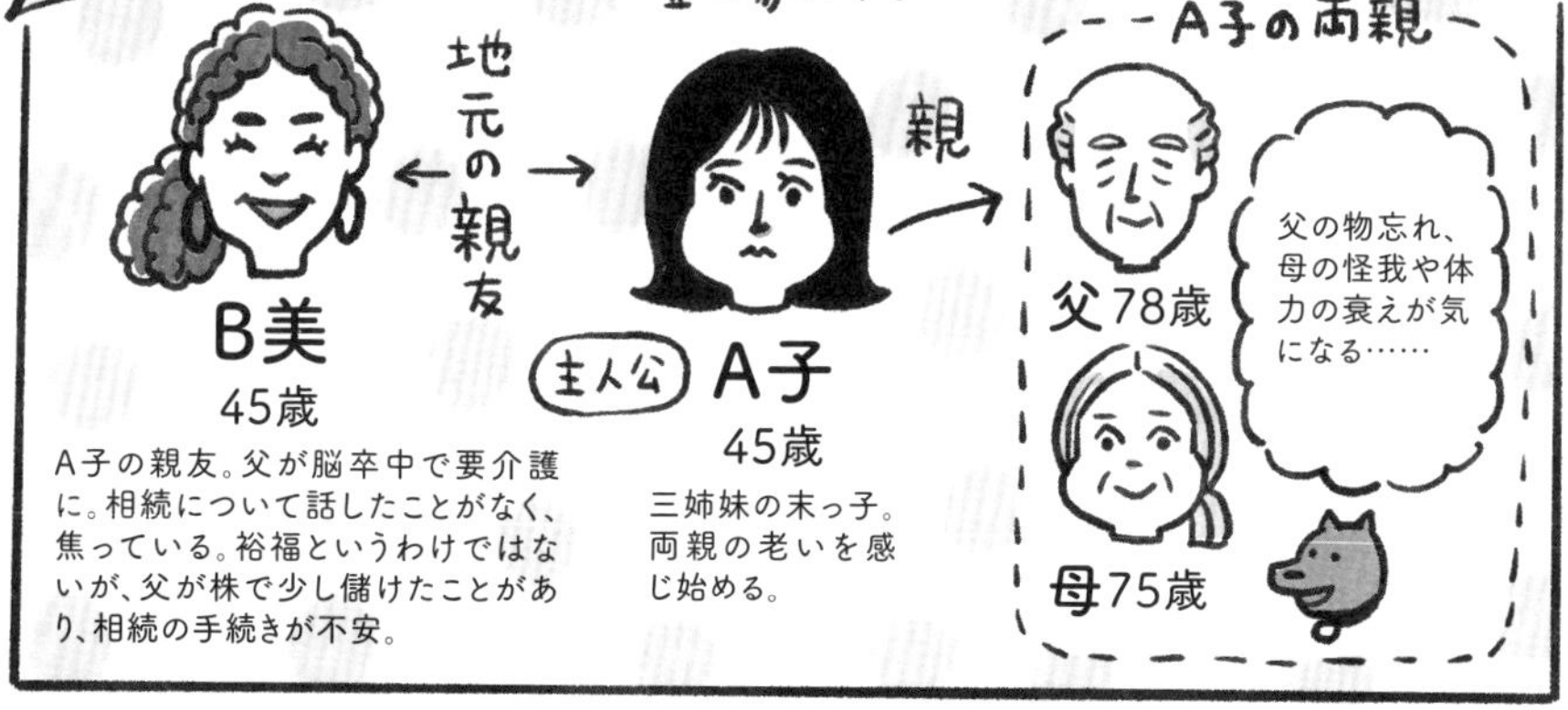

きょうだいや親戚が多いと相続って大変そう……
ウチは
姉2人
うちって大丈夫なのかな?
そもそもうちの財産って、どれくらいあるんだろう……
モヤモヤ
もしもし、お母さん、ちょっと聞きたいことが
保険とか預貯金とか…
なによー いきなり
?
相続のこと? まだ早いんじゃないの?
それよりあんた、今日病院行ってきたんだけど
検査だよー
大丈夫!
で、胃カメラが〜
え!?
本当に大丈夫なの?
お母さんもお父さんも、もう歳だし「大丈夫」って言われても心配だな
よし!
こういうときは専門家の先生に聞こう!
はじめまして
こんにちは。相続のお話でしたよね?
はい。気が早いかもしれませんが、事前にご相談したくて……
いい心がけですね! 無用なトラブルを避けるために、早めの準備は大切です
加藤先生
「知らなくて損した……」と後悔しないためにも
それでは一緒に見ていきましょうか
はじまるよー!

目次

第3章 よくあるトラブルからQ＆Aで相続を学ぼう

第4章 相続税、実際のところどれくらいかかる？

第1章

相続は急にやってくる！
事前にしておきたいこととは

知りたいポイント①

なぜ相続の準備を今すぐ始めるべきなの？

answer

相続は急にくる！ 事前の準備が大切になる

相続には悩みやトラブルがたくさん隠れている

親からの相続において、まず覚えておきたいことは「相続は突然やってくる」という点です。人はいつ亡くなるか、誰にもわかりません。そして相続という概念は人が亡くなってすぐに適用されます。

しかし実際のところ、相続の現場に長年、立ち会った専門家から

これって何？

相続
故人の財産を引き継ぐこと。原則的に、引き継ぐ権利のある人は相続人のみ。

みんなの声

●「相続の手続きは大変」とよく聞くけど、何を準備しておけばスムーズに進められる？

見ると、相続の準備を何もせず、問題が出てきてから慌てる人がとても多いのです。例えば次のようなケースです。

●親の認知症が始まり、遺産のありかが不明に
●遺《のこ》った財産は自宅と現金、うまく分けられず困った
●急死したため遺言書がなく、取り分をめぐってもめた
●口座凍結のルールを知らず、とても焦った
●遺産相続をしてみたら相続税が発生して驚いた
●相続税の節税対策をしてもらえばよかったと後悔した

こういった悩みやトラブルは事前の準備で防げることがあります。お金の計算が得意でない人こそ、相続に向けて今すぐ準備をスタートしましょう。

これって何？

口座凍結

人が亡くなると金融機関は口座を凍結し、家族であっても出入金は不可能となる。2019年の法改正により葬儀代のみ引き出すことができるようになったが、手続きが必要となる。

これって何？

相続人

故人の財産（遺産）を引き継ぐ人のこと。相続人になれる人は法律で決まっている（P36）。財産を残して亡くなった人のことは「被相続人」という。

知りたいポイント②

相続はどのような手順で何をする？スケジュールを知りたい！

answer

死亡届の提出から数々の手続きが開始。相続税の申告は10カ月以内が原則

各手続きには期限あり！

相続とは、亡くなった人（親や配偶者など）の遺産を、関係者が引き継ぐことをいいます。自分が相続する額を確認して相続税を計算し、一定額以上であれば相続税を納める必要があります。相続税

これって何？

延滞税

納付期限の翌日から発生する税。2カ月後に納付が完了していないと税率が3倍以上に。

みんなの声

- 遺産相続について何もわからない。お金持ちじゃなくてもやることなんですよね？
- 直前では手が回らないことってあるの？

の納税と申告には期限があり、原則として**死亡日の翌日から10カ月以内**と定められています。もし遅れると「延滞税」に加え、「加算税」がかかる可能性も。また、間違って少なく申告した場合、「過少申告加算税」を払わなくてはいけません（P57）。

財産の額が不明だったり、遺産をうまく分けられないという場合、専門家に依頼しても時間がかかります。まずは手続きの流れを把握しておきましょう。

要注意！ **こんな人は特に早めの準備が必要**

- ☑ 親の財産の内容や金額を正しく把握していない
- ☑ 親が遺言書を残していない
- ☑ きょうだいや親戚と遺産を分けるのにもめそう
- ☑ 音信不通のきょうだいや親戚がいる
- ☑ 親の借金を引き継がずに放棄したい
- ☑ 親は年金を年400万円以上受給している
- ☑ 親の収入が年20万円以上ある
- ☑ 親の財産が多く、相続税を払うことになるかもしれない
- ☑ 相続税の節税対策をしたい

死亡から相続・納税までの主な流れ

ステップ⓪

生前

- 遺言書を書いておいてもらう
- 生前贈与などで節税対策をしてもらう

死亡

7日以内 死亡届の提出

※1 5日または10日以内 健康保険、年金関連の手続き

通夜・葬儀・弔問対応

ステップ①

どれだけ財産があるか調べる
預貯金、家、土地など亡くなった時点での所有財産の額を正確に把握する

誰が相続人かを確認する
亡くなった人（被相続人）の戸籍から相続できる人を明らかにする

遺言書があるかどうか確かめる
遺言書の有無は相続人（相続する人）が確認する必要がある

ステップ②

公正証書遺言書がある

自筆の遺言書がある
→ 家庭裁判所で遺言書の中身をチェックする（法務局に預けていない場合）

遺言書がない
→ 法定相続
→ 遺産分割協議（相続人全員で分け方を決める）

ステップ③

3カ月以内 **相続放棄の手続き**

債務（借金など）を含めた遺産を引き継ぎたくない場合は家庭裁判所で手続きをする

3カ月以内 **限定承認の手続き**

債務（借金など）がどれくらいあるかわからない場合は、家庭裁判所で債務の額を上限とする相続手続きなどを行う

4カ月以内 **準確定申告の手続き**

親に一定以上の収入があれば確定申告をする

分け方でもめている

・家庭裁判所で客観的に判断してもらう
・遺産分割の調停または審判を行う

分け方に全員同意

ステップ④

※2 遺言内容を執行

遺産分割

ステップ⑤

10カ月以内

相続税の申告・納税をする（一定額以上の場合）

- 相続税の計算をする
- 納税のための資金を用意する
- 相続税の申告書をつくる

※1 手続きによって日数が異なる　※2 遺言書がある場合でも、相続人全員の同意があれば、遺言書と異なる分割を選ぶことができる

相続・納税までのスケジュールとポイント

死亡後の手続きおよび通夜・葬儀を済ませつつ、すぐに遺産相続が始まります。慌ただしいなか、納税期限となる10カ月以内にすべてのステップを終わらせなくてはいけません。

ステップ⓪
生前

- 相続をスムーズに進めるために遺言書を書いておく〈→P40へ〉
- 相続税が控除枠に収まらない場合に備えて節税対策をする〈→P138へ〉
- いずれも認知機能が低下してからでは効力を持たせられないため元気なうちに完了させる

ステップ①
死後

- 親（被相続人となる）が死亡した時点での財産がどこに、どのような形で、いくらあるのかを確定させる〈→P56へ〉
- 財産を相続する人は誰か、親の戸籍を取得のうえ、相続する権利のある人（相続人という）全員と連絡がとれるようにしておく〈→P48へ〉
- 自宅や法務局、公証役場に遺言書がないか探す〈→P66へ〉

ステップ②
遺言書の有無確認後

- 公証役場に公正証書遺言書がある場合はそのまま開封する〈→P68へ〉
- 法務局に自筆の遺言書がある場合は、遺言書情報証明書の交付を受ける、または遺言書を閲覧する〈→P67へ〉
- 自宅など法務局以外の場所で自筆の遺言書がある場合、家庭裁判所で相続する人たちが立ち会いのもと中身を確認する〈→P68へ〉

ステップ ③
相続放棄や確定申告などの手続き

- マイナスの財産がある場合は相続するか、相続をしないかを考える〈→P62へ〉
- 相続のすべてを放棄する場合は3カ月以内に家庭裁判所で相続放棄の手続きをする〈→P65へ〉
- 相続する財産額を上限として、借金などの債務を引き継ぐ場合は3カ月以内に家庭裁判所で限定承認の手続きをする〈→P65へ〉
- 被相続人に一定以上の収入があった場合は4カ月以内に準確定申告をする
- 遺産の配分が決まったら遺産分割協議書を作成する〈→P89へ〉
- 話し合いがまとまらないときは家庭裁判所で調停を申し立てる〈→P39へ〉
- 調停に合意できないときは強制的に遺産を分割するための審判へ移る

ステップ ④
遺産の分割

- 遺言書がある場合は、遺言書の内容通りに遺産を分ける〈→P40へ〉
- 遺言書がない場合は、話し合いまたは調停･審判で決まった配分で遺産を分ける〈→P39へ〉
- 相続税を計算する〈→P120へ〉
- 相続税が控除内に収まらない場合は納税の準備をする

ステップ ⑤
相続税の申告･納税

- 10カ月以内に相続税の申告と納税を完了させる
- 間に合わない場合は一定の条件のもと延納も可能
- 期限に間に合わせるのが難しいと判断した時点で早めに専門家に依頼をする〈→P134へ〉

知りたいポイント③

そもそも財産とは？相続の対象となるものは何？

answer

経済的な価値のあるものはすべて財産であり、申告の対象

プラスの財産とマイナスの財産がある

親が亡くなった時点で所有していたもののうち、**経済的な価値（お金に換えられる）のあるものはすべて財産**として扱われます。そして、人が亡くなって相続が開始すると同時に財産はすべて「遺産」となり、

みんなの声
●親が何の財産をどれくらい持っているのかよくわからない……

相続人が引き継ぎます。

気をつけたいのは、財産には「プラスの財産」と「マイナスの財産」がある点です。プラスの財産とは、預貯金や土地・自宅など、引き継いだあともプラスの価値のあるものを指します。借地権やゴルフ会員権などの権利も同様です。マイナスの遺産とは、借金や未払い金など債務のことで、引き継いだ人が支払い義務を負います。**プラスの財産だけを相続することはできず、マイナスの財産も一緒に引き継がなくてはいけません。**マイナスの財産が多い場合は相続そのものを放棄することも視野に検討しましょう。（詳しくはP62）

プラスの財産		
●現金	●自動車	●債券
●預貯金	●オートバイ	●ゴルフ会員権
●土地	●美術品	●リゾート会員権
●建物	●骨とう品	●著作権
●借地権	●貴金属類	●特許権 など
●地上権	●株・投資信託	

マイナスの財産
●住宅ローン
●借入金
●未払いの代金
●税金
●保証債務
●連帯債務など

これって何？

保証債務
借金の保証人となったとき返済が求められる債務のこと。借金をした人が返済をしなかったときは保証人が本人の代わりに返済義務を負う。

みんなの声
●死亡してからだと預貯金の引き出しができなくなるなど、手続きが面倒。そうなる前にできることがあるかどうか知っておきたい

財産のある場所・内容を共有してもらおう

大切なことは、**親の持つ財産がどこに、どのような形で、どれくらい存在しているのか**をきちんと聞いておくことです。

例えば、次のような財産は「親しか知らない」というケースが多いものです。話をしっかりできるうちに教えてもらい、記録しておくと、相続の手続きの負担が軽くなります。

- 預貯金（金融機関名・支店名・種別・口座番号）
- 株式や投資信託など有価証券（証券会社名・種類・銘柄や名称）
- 不動産（建物や土地の種類・住所・おおよその評価額）
- 借り入れや未払い金などマイナスの財産（借入先／支払先・金額・支払期限）など

これって何？
有価証券
証券そのものに価値があるもの。
株式・債券・手形・小切手などを指す。

親が元気なうちに把握しておきたい主な財産リスト

	金融機関名・支店名・種別・口座番号	金額
預貯金		円
		円
		円
		円
		円

	証券会社名・種類・銘柄や名称	金額
株式や投資信託など有価証券		円
		円
		円
		円
		円

	建物や土地の種類・住所	おおよその評価額
不動産		円
		円
		円

	借入先や支払先・支払期限	金額
借り入れや未払い金などマイナスの財産		円
		円
		円

	内容や名称	金額
その他の財産		円
		円
		円

合計	円

知りたいポイント④

親からの遺産相続の準備、最初に取りかかるべきこととは？

answer

財産の把握に加え、相続人と遺言書の有無を確認

なるべく早く遺産の分割ができるように

相続とは、言い換えれば「遺産の分割」です。分割でももめないためにまず把握しておくべきことは、「**財産の具体的な内容**」に加えて、「**法的に相続する権利を持つ相続人**」「**遺言書**」の3つです。

生前、親の財産内容を把握できた場合、その流れで財産の分割に

みんなの声

●何もわからないので、まずは知識を得るところから始めたい

ついても方向性を話し合っておくとよいでしょう。有効な遺言書があれば相続はスムーズに進みます。遺言書の有無だけでも早めに確認をしておきましょう。

また、一定額以上の財産を引き継ぐと、相続税が発生することがあります。相続をしたあと、相続税がかかるのか、かかるとしたらどれくらいなのか、財産を把握するタイミングで計算しておくとベストです。

相続税の節税対策は親が元気なうちに行わなくてはいけません。引き継ぐ財産が多く、しっかり節税をしたい場合は、親と一緒に相続税の専門家の元を訪れて、相談をしてみましょう。

被相続人

亡くなった人

遺言書

被相続人の相続に関する意思を示したもの

相続人

配偶者や子など故人の財産を引き継ぐ人

これって何？

法定相続人

法律で定められた、相続をする権利を持つ人のこと（被相続人の配偶者と血族）。遺言書がある場合、相続できる人は法定相続人に限られない。

相続に備え確認したい主なポイント

1. 財産の把握

●親が亡くなった時点でどれくらいの財産が引き継がれるのかを確認する
（P27 のように一覧化しておくとよい）

●財産の把握とともに、分割の方向性も話し合っておく

2. 相続人の確認

●1. で見積もった遺産を誰と分け合うことになるのか、
相続人を確認する（詳しくは P36、P48）

●相続人全員の連絡先を整理しておく
（関係が途絶えていたり、不仲に陥っていたりする場合は
司法書士や弁護士などへ相談を。詳しくは P80 へ）

3. 遺言書の有無の確認

●親に遺言書を書いているかどうか聞いてみる

●遺言書がないようなら、書いてもらうように依頼をする

●ただし親が渋るようであれば無理強いはせず、
あったほうが相続がスムーズであることを伝えるに留めておく

相続税を抑えるために確認したい主なポイント

1. 相続税がかかりそうか試算する

●試算方法は P120 ～ 131

●相続税がかかりそうな場合は2. 以降も確認する

2. 相続税の対策をしているかどうか、確認する

●適切な対策について、税理士など専門家に相談する

●親が相続税対策をしていない場合、生前贈与など対策を依頼する
（第5章 p137 ～）

●現金以外の遺産が多い場合、相続税を収めるための
現金を工面できるか確認しておく

●きょうだいがいる場合、なるべく協力し合える関係性を築いておく

知りたいポイント⑤

親がまだ元気なので、遺産相続の話を切り出しにくい

answer

渋るならば無理をしない。第三者の専門家とともに話すのも有効

思いやりを忘れずに話をする

親が亡くなったあとの遺産をどうするか。誰もがいつか直面する問題ですが、ナイーブな話題でもあります。日頃から良好な関係を築いておき、相続について話しやすい状況をつくることが最も大切です。

みんなの声
- 親の財産について聞きづらい。話す場をどう設けるか知りたい
- 親が生きているうちに話し合っておきたい

その上で、親には「元気なうちだからこそ、お互いに確認や準備が楽になる」と促してみましょう。ただ、伝え方やタイミングによっては反発されてしまい、話がうまく進みません。遺言書の話や、きょうだいと遺産の取り分の話をする際も同様です。

例えば次のような声をかけてから話をしてみるのも手です。

- 「友人が遺産相続で対策しなかったために税金がかさみ、困っていた」として切り出す
- 遺産争いのドラマや映画を一緒に見て感想を言い合いながら話をしてみる

親やきょうだいとふだんから仲が良くない場合は、税理士や司法書士など客観的な立場の第三者と一緒に話をしてみましょう。

まとめ

第1章

相続は急にやってくる！
事前にしておきたいこととは

- 相続の準備はできるだけ親が元気なうちに開始。
認知症や突然の入院・突然死はいつ起きるかわからない

- 相続は親が亡くなったら待ったなしで始まる。
相続税を払う場合は10カ月以内に申告・納税をする

- 遺産とは預貯金、不動産、有価証券や貴金属類など、
お金で換算できるすべてのものを指す

- 親やきょうだいが元気なうちに相続の話をしよう。
難航しそうな場合は無理強いせず、専門家に相談を

第2章

絶対に知っておきたい、
相続のきほん知識

親に遺言書を書いてもらおうと思うのですが……
パソコンで作成したものは無効など、決まりごとがいくつかあるのはご存じですか？
え！ 無効になる場合があるのですね！

知りたいポイント⑥

きょうだいや親族とどのように遺産を分けるのか

answer

法的な優先順位に基づく分け方には3つの方法がある

遺産をもらえる人は決まっている

誰が相続人になるかは法律で定められています。**配偶者は常に相続人です。**それ以外の人には相続順位があり、上の順位の人がいない場合は順位が移ります。

みんなの声
●3人きょうだいなので、どのような分配が適切なのか考えたい

相続できる順位（配偶者以外）

●第1順位は、被相続人の子供（養子・非嫡出子《ちゃくしゅつし》も含む）
●第2順位は、被相続人の父母等（直系尊族）
●第3順位は、被相続人の兄弟姉妹

分配方法は大きく3つあります。

遺産の分け方

①遺言書の内容に従って分ける
②相続人全員の話し合いで決める（遺言書の有無にかかわらず「遺産分割協議」をすることも可能）
③裁判所の調停・審判で決まる（②で決まらない場合）

これって何？
遺産分割協議
法定相続人が故人の財産の分配について話し合うこと。

相続人の順位

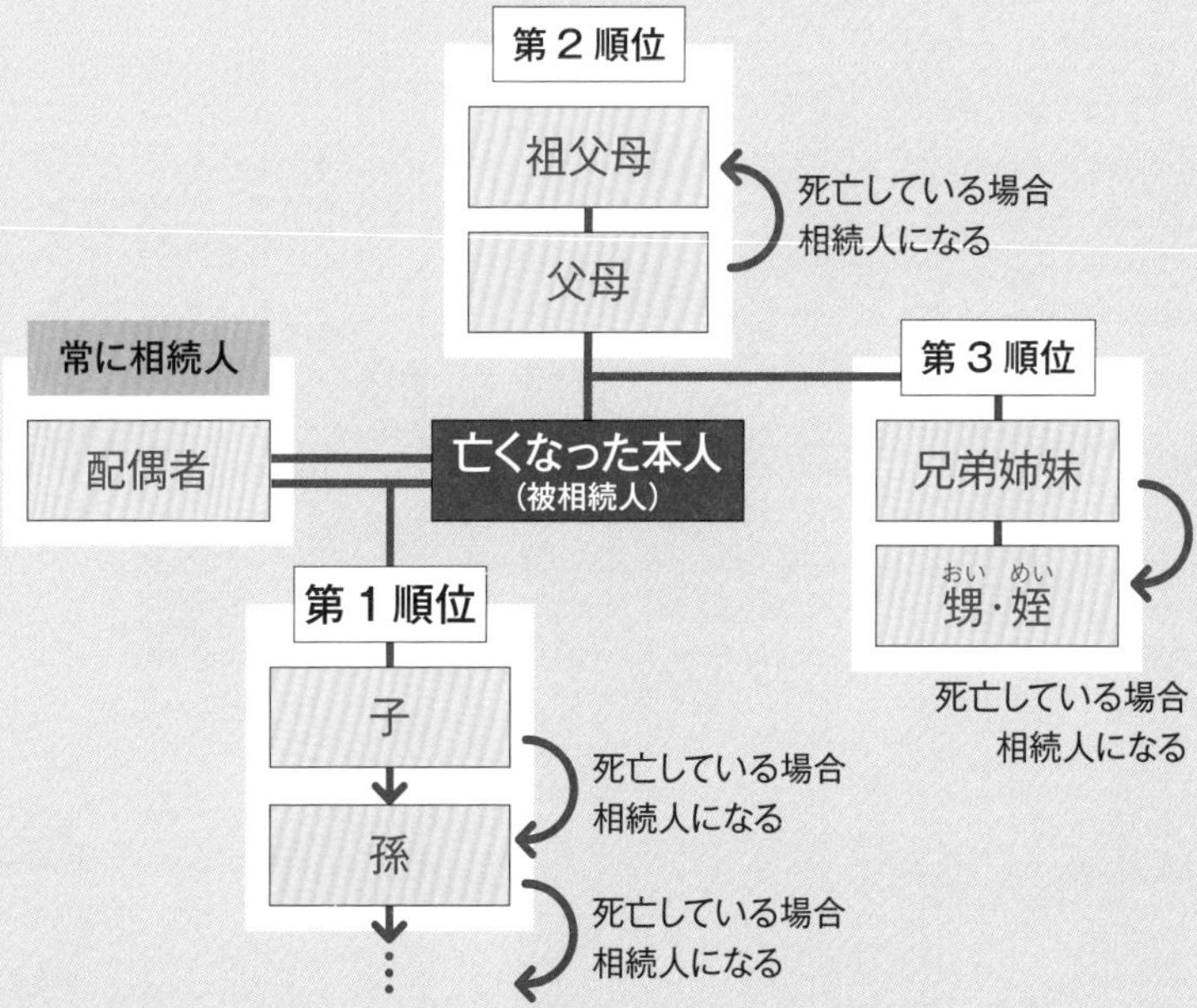

法定相続分の割合

配偶者 と 子 の場合 → 配偶者1/2 残りは子の人数で割る

配偶者 と 親 の場合 → 配偶者2/3 残りは親の人数で割る

配偶者 と 兄弟姉妹 の場合 → 配偶者3/4 残りは兄弟姉妹の人数で割る

配偶者がいない 場合 → 優先順位上位の人の人数で割る
例：子が2人なら1/2ずつ

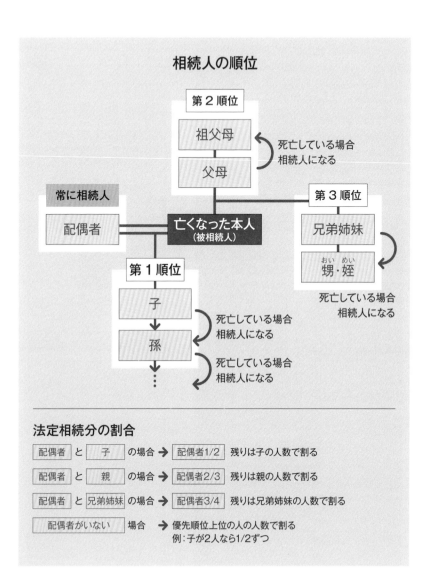

遺産の分け方3つ

1. 遺言書の内容に従って分ける

●亡くなった人が遺言書を残している場合、その内容に沿って分割する
●遺言書の形式は法律によって決まっており、
決められた書き方の基準を満たしていないと、遺言書そのものが
無効となるケースがある（詳しくはP40）

2. 相続人全員の話し合いで決める

●遺言書がない、またはあっても無効であった場合、
遺産相続の配分を相続人全員で話し合って決めることになる
●話し合いを「遺産分割協議」という
●遺産分割協議はすべての相続人の合意がないと成立しない
●話し合いは電話やメッセージアプリでのやりとりでも可能
●相続人全員が合意できれば遺産の配分は自由に分けてかまわない
●話し合いが成立したら「遺産分割協議書」を作成し（詳しくはP89）
署名捺印をして印鑑証明とともに全員が1通ずつ所持する

3. 裁判所の調停・審判で決まる

●2.で決まらない場合、家庭裁判所で裁判官と調停委員の
アドバイスのもと話し合いをする「調停」を行う
●調停で決まらない場合、裁判官が遺産の分割方法を決める
「審判」へ進む
●実際は調停の前に弁護士に介入してもらい、
話をまとめることを目指す場合が多い

知りたいポイント⑦

遺言書の効力はどのくらいあるの？

answer

形式にのっとった遺言書には法的効力あり

遺言書には書き方がある

原則として遺言書には法的な効力があり、遺言書が存在する場合、相続人は遺言書の内容に沿って遺産を分けなくてはなりません。ただし、書き方は法によって定められていて、条件を満たしていないために無効になるケースがあります。

みんなの声
●自分の親の資産状況と相続対象者に似たケースだと、どんな問題が発生するか想定しておきたい

遺言書には①**自筆証書遺言**（自分で書くタイプ）と②**公正証書遺言**（公証役場で作成してもらうタイプ）の2種類があります（あまり使われませんが、厳密には秘密証書遺言というタイプもあります）。特に自分で書く①のタイプは一部、パソコン等で作成することも可能になりましたが、不備があると法的に無効になったり、遺産分割の手続きができなかったりする可能性があるので、注意が必要です。

遺言書に効力を持たせるためには、次のすべての条件を満たさなくてはいけません。

1 全文が自筆で書かれている
2 作成年月日を記載している
3 本人の署名がある
4 押印がある

これって何？
秘密証書遺言
遺言書を自分で書き公正役場で遺言書の存在のみを証明する遺言書のこと。自分で封をするため、中身を誰にも知られずに済む。書き方の不備で無効になりやすいので注意。

これって何？
自筆証書遺言
遺言者が全文を自分で書くタイプの遺言書。法改正により遺言書に添付する財産目録のみパソコンでの作成が可能に。

遺言書の例

遺言書

1. 私は、私の所有する以下の不動産を、妻山田花子（昭和●年●月●日生）へ相続させる
（1）土地
所在 ○○県○○市○○1丁目
地目 宅地　地番 ○番○　地積 ○○○㎡
（2）建物
所在 ○○県○○市○○1丁目○番地○
家屋番号 ○番○　種類 居宅　構造 木造かわらぶき平家建
床面積 ○○㎡

2. 私は、私の所有する以下の遺言者名義の預貯金を長男山田一郎（昭和●年●月●日生）へ取得させる
・AA 銀行　AA 支店　普通預金　口座番号 AAAAA
・BB 銀行　BB 支店　普通預金　口座番号 BBBBB

3. 私は私の所有する以下の遺言者名義の株式を長女山田一子（昭和●年●月●日生）へ取得させる
・CC 株式会社の株式　数量 1,000 株
・DD 株式会社の株式　数量 500 株

4. 本遺言書の遺言執行者として次の者を指定する
住所　○○県○○市○○町2丁目○番地○
職業　弁護士
氏名　弁護太郎
生年月日　昭和●年●月●日生

令和○年○月○日
住所○○県○○市○○町１丁目○番地○
山田太郎（山田）

●押印は認印や拇印《ぼいん》でも可だが、実印のほうがよいとされる。

●「自筆証書遺言」はパソコンでの執筆は不可（「秘密証書遺言」はパソコン可）。筆記用具はボールペンなど消えにくいものを使用すること。

●財産を特定させるために財産目録を添付できる。
財産目録はパソコンで作成してもよい。

●遺言執行者は誰を指定してもよい。ただし、未成年と破産者は不可。

有効性の高い公正証書遺言

遺言書の有効性が不安なときは、公正証書遺言で用意しましょう。

みんなの声

●子供がいないので、自分たちが死んだときの相続を考えると遺言書の書き方が気になる

公証役場での遺言書作成の流れ

①公証役場へ行く（要予約。戸籍謄本・証人情報など必要書類あり）

↓

②必要な書類を提出し、公証人に遺言内容を伝える

↓

③公証人が遺言書の下書きを作成する

↓

④遺言書作成の予約をする

↓

⑤証人2名とともに公証役場へ行く

↓

⑥公証人が遺言書の内容を読みあげ全員で内容の確認をする

↓

⑦問題がなければ署名捺印をして完了

公正証書遺言作成のポイント

- 作成手数料は遺言書の財産の価格による（例えば 500 万円～ 1000 万円以下の場合は 1 万 7000 円）
- 公正証書遺言は公証役場で保管してくれる（自筆証書遺言保管制度の場合、保管料は 3900 円）
- 条件を満たした証人が見つからないときは、公証役場に相談すると専門家を紹介してもらえる（未成年、公証役場の関係者、相続に利害関係のある人は証人になれない）
- 被相続人がどうしても公証役場に行けない場合は、病院や施設などへの出張も可

知りたいポイント⑧

親に遺言書を書いてもらうにはどうすればいい？

answer

強制は禁物！「相続争いを防ぐため」と伝えて任せよう

まずは親の意思を尊重する

遺産の分配にあたって、有効な遺言書は法定相続人に優先されます。しかし、親本人にその気がないのに「遺言書を書いて」と伝えると、気分を害されてしまいます。また、**強制的に書かされた・強制的に**

みんなの声
●エンディングノートを作ってもらいたい

書かせた可能性のある遺言書には効力はありません。しかし、遺言書はいつかくる遺産相続をスムーズに終わらせる大きなカギとなるため、親に遺言書を用意してもらうに越したことはありません。

今のうちに快く遺言書を書いておいてもらうために、「遺産相続争いを防ぐことができる」という点を強調して伝えてみてはいかがでしょうか。仲の良かったきょうだいが遺産をめぐって不仲に陥るようなことを親は望んでいないはずです。

もし遺言書を書く意思があっても書き方が難しく、気が進まなさそうであれば、市販のエンディングノートに書いてもらうなど気楽な方法を提案してあげましょう。法的な効力はありませんが、親の思いが残るため、遺産を分ける際の参考になります。財産が多い人が亡くなると、財産の把握だけでもひと苦労。このタイミングで財産を整理してもらい、P27のようなリストも作成してもらえると理想的でしょう。ただ、無理強いすることは禁物です。

これって何？

エンディングノート
人生の終末期、および死後に向けて思いやメッセージを残すノートのこと。法的な効力はない。

誰に・何を・どれくらい分けるのか明記する

大切なのは遺産の分け方をはっきりと記載してもらうことです。次の点に気を配りながら書いてもらえるように伝えましょう。

〈明記しておいてもらわないと困ること〉（P42参照）

- **誰に**……名前を指定する
- **何の財産を**……口座や土地の住所などを明記する
- **どれくらい分けるのか**……金額などは数字ではっきり記す

仮に「預貯金をきょうだいで平等に分ける」と書いた場合、あとでもめごとの種になるかもしれません。平等といっても「生前に援助してもらった」「介護をした」といった状況によって「同じ金額なら平等とはいえない」などと不満が噴出するためです。

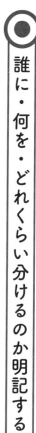

みんなの声
●口頭では相続の件を伝えられているが、きちんと遺言書なり、簡単でもいいので意思をメモに残してもらいたい

こんな遺言書は無効になる！ チェックポイント

遺言書を書いてもらうときの主な注意点を知っておこう

□ 形式に不備がある

法で決められた形式を守らずに書いた遺言書は無効になる（詳しくはP41）。不安であれば司法書士や行政書士などに相談を。

□ 遺言者の判断能力が衰えてしまったあとに書いた

高齢になり認知機能が低下している状態や認知症を患った状態で書いた遺言書は無効になる。元気なうちに書いてもらおう。

□ 他人が強制的に書かせた・書かせた疑惑がある

本人の意思に基づいていない遺言書は無効になる。他人が遺言書を勝手に作成することは犯罪となり、相続の資格も喪失する。

これって何？

司法書士と行政書士

司法書士は、登記や供託に関係する業務、行政書士は役所へ提出する書類などの業務を専門としている。業務内容は異なるが、兼任している場合もある。

知りたいポイント⑨

相続人が誰なのか確定させる方法を知りたい

answer

被相続人の出生時から死亡時までのすべての戸籍を取り寄せて確認する

自分が把握していない相続人がいないか確かめる

遺産を相続する権利のある人、すなわち相続人は、被相続人の出生時から死亡時までの連続するすべての戸籍謄本を取り寄せることで確定できます。**結婚や離婚、養子縁組といった過去の身分事項の変更は**

みんなの声

●戸籍って、どうやって調べたらいいんだろう

すべての戸籍謄本を閲覧することでしか確認できないためです。

例えば父親が既に死亡していて、母親が亡くなったときの相続では、すべての遺産を子が相続することになります。その際は、「うちは3人きょうだいだから」といって、きょうだい3人で引き継ぐつもりでも、母親の戸籍すべてを確認しなくてはいけません。もし、存在を知らなかったきょうだいがいたとしたら、そのきょうだいも含めて遺産を分け合うことになります。また、預貯金や有価証券の相続、相続後の不動産の登記など各種手続きの際にも、被相続人の出生時から死亡時までの連続した戸籍謄本が必要になります。

戸籍謄本には過去の戸籍謄本（原戸籍）と現在の戸籍謄本の2種類が存在します。原戸籍は被相続人が亡くなる前のものでも使用ができるため、早めに準備しておくと良いでしょう。

これって何？

戸籍謄本

戸籍に記載がある全員の身分を証明できるもの。本籍地の市区町村役場の窓口で受け取ることができる。コンビニ交付が可能な地域も。

出生時から死亡時までの連続した戸籍謄本の取り寄せ方

手順① 被相続人死亡時の本籍地の戸籍（除籍謄本）を取り寄せる
（本籍地が不明のときは本籍地の記載のある住民票の除票を取り寄せて確認する）

↓

手順② 取得した戸籍にはひとつ前の本籍地が記載されているので、確認のうえ取り寄せる

↓

手順③ 出生時の本籍地にたどり着くまで、本籍地にある戸籍謄本を取り寄せる

戸籍謄本を取り寄せる際のポイント

- ひとつの本籍地で複数の戸籍謄本がある場合があるので、窓口では必ず出生から死亡までのすべての戸籍が必要であることを伝える
- 手書きの文字や旧字、消滅した住所などが記載されていて、ひとつ前の本籍地が不明の場合は職員に調べてもらう
- 相続の際に銀行などに提出する正式な書類となるため、本来は提出先の数に合わせて複数枚必要となる。ただし、「法定相続情報証明制度」を活用すると、代わりになる書類を発行してもらえるので、各戸籍謄本の取得は1通ずつで済む
- 手続きが難しい場合、行政書士や司法書士に依頼することも検討する（手数料は数万円程度から）

これって何？

法定相続情報証明制度

収集した戸籍謄本等と、法定相続情報一覧図（被相続人と相続人の情報を記載したもの）を法務局に提出すると、認証文付きの一覧図の写しが交付される制度。これがあると、金融機関などに相続人であることを簡単に証明できる。

被相続人（親）の出生時から死亡時までの連続した戸籍謄本を取り寄せる例

出生 ○○県**A**市

↓ 本籍地はA市

結婚 ○○県**B**市

↓ 婚姻して新しくB市に戸籍が作られる

引っ越し ○○県**C**市

↓ C市に転居して戸籍が移る

改製 ○○県**C**市

↓ 改製とは、新しく定められた様式に合わせて新しく戸籍が作られること
新しい形式の戸籍も取得しておく

死亡 ○○県**C**市

死亡の事実により戸籍謄本から名前がなくなると「除籍謄本」となる

これって何？

改製

戸籍を新しい様式に改めること。法令などによる改製が多い。改正前の戸籍を改製原戸籍と示す。

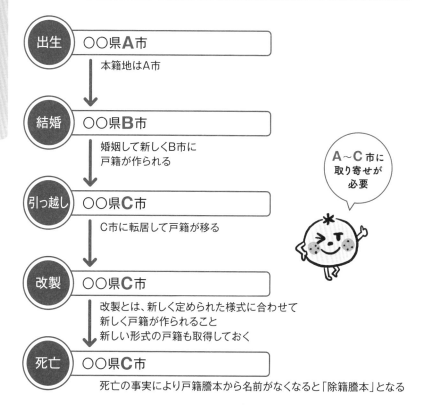

親の1人が亡くなり、もう片方の親は存命の場合

両親のうちの1人が亡くなったとき、遺産の相続権は次のようになります。

①相続する権利は常に配偶者にある。
②加えて、相続権第1順位の子供も権利を持つ。
③子供の数を確定させる。仮に前妻または前夫との子がいることがわかれば、その子も権利を持つ。

子供の数は故人の出生時から死亡時までの連続するすべての戸籍を確認することでしかわかりません。自分が把握しているきょうだい以外にも子がいるかもしれないという前提で調査を。権利を持つ子を見つけたら相続をする権利があることを必ず伝えましょう。

みんなの声

●戸籍を確認していたら予想外の相続人がいたり、逆に相続人かと思っていたら違っていたり、戸籍の記載（手書きの時代の）に誤りがあったりして驚いた

親の１人が亡くなったときの遺産相続例

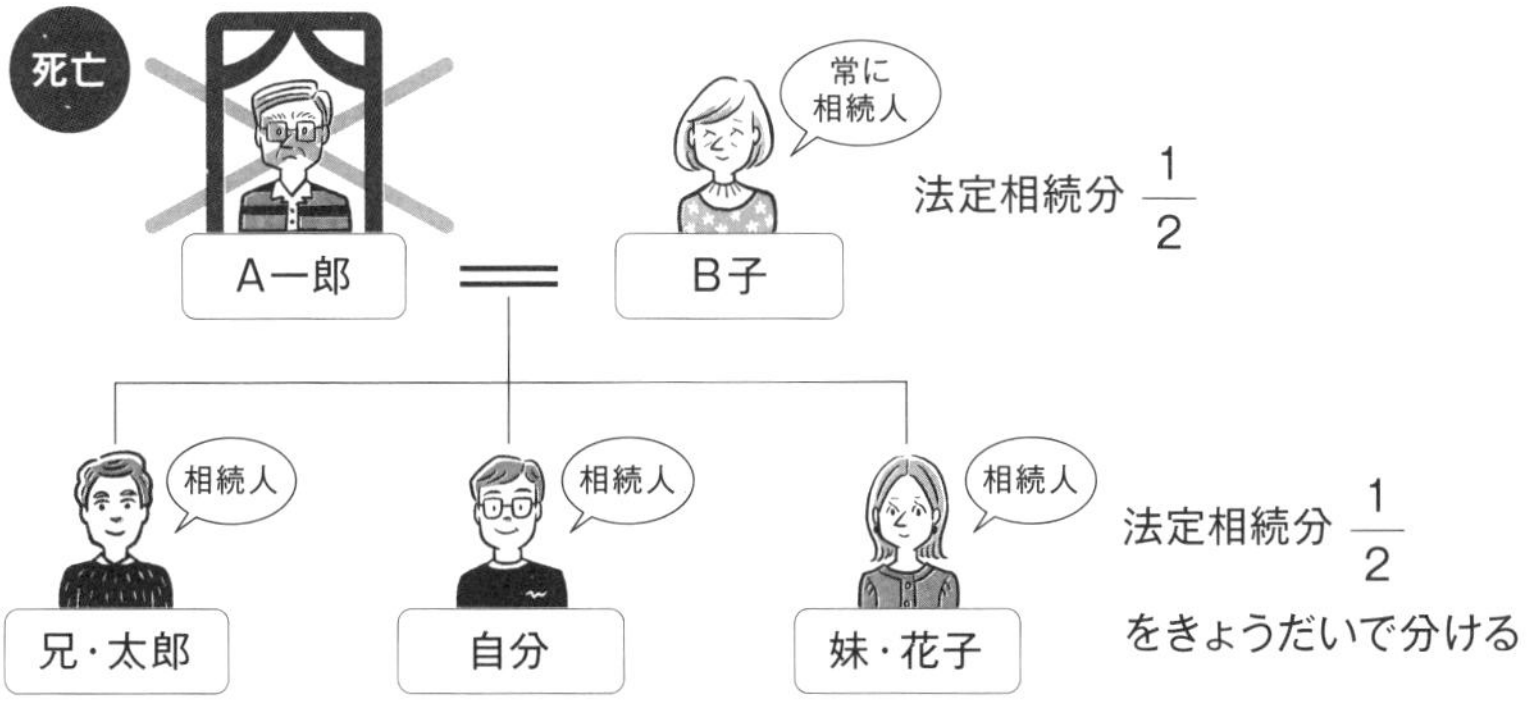

父・A一郎さんが死亡した場合

相続人の範囲

●配偶者は常に相続人 ◀ 妻・B子さんは相続人になる

▼相続できる優先順位

●第１順位は、被相続人の子供（養子・非嫡出子も含む） ◀ 子供が１位なので配偶者に加えて子供も相続人になる

●第２順位は、被相続人の父母
●第３順位は、被相続人の兄弟姉妹

相続人の確定方法

☑A一郎さんの出生から死亡までの連続する戸籍をすべて集めて、兄・太郎、自分、妹・花子のほかに子供がいないか調査をする

〈こんなケースもある〉

A一郎さんに前妻がいることがわかり、前妻との間に子供X子がいた場合はX子も相続人となる。前妻は相続人にはならない。（詳しくはP82へ）

配偶者・子・親がいない場合

例えば、自分の叔父が生涯未婚のとき、叔父の遺産の相続権はどのようになるのでしょうか。次のように権利が移っていきます。

①相続する権利はまず叔父の子供にある。
②子供がいないときは叔父の父母に権利が移る。父母もすでに亡くなっているとき、その父母（叔父の祖父母）が存命であれば祖父母に権利が移る。
③さかのぼっても誰も存命ではない場合、相続する権利は叔父の兄弟姉妹へと移る。兄弟姉妹が死亡していればその子に移る。

生涯未婚の人や、子供のいない人は年々増えています。このケースを次のページで紹介します。

みんなの声
●裁判になることは避けたい……
裁判になるまでの対処法もあわせて知りたい

生涯未婚・子供なし・親もいない人が亡くなったら…

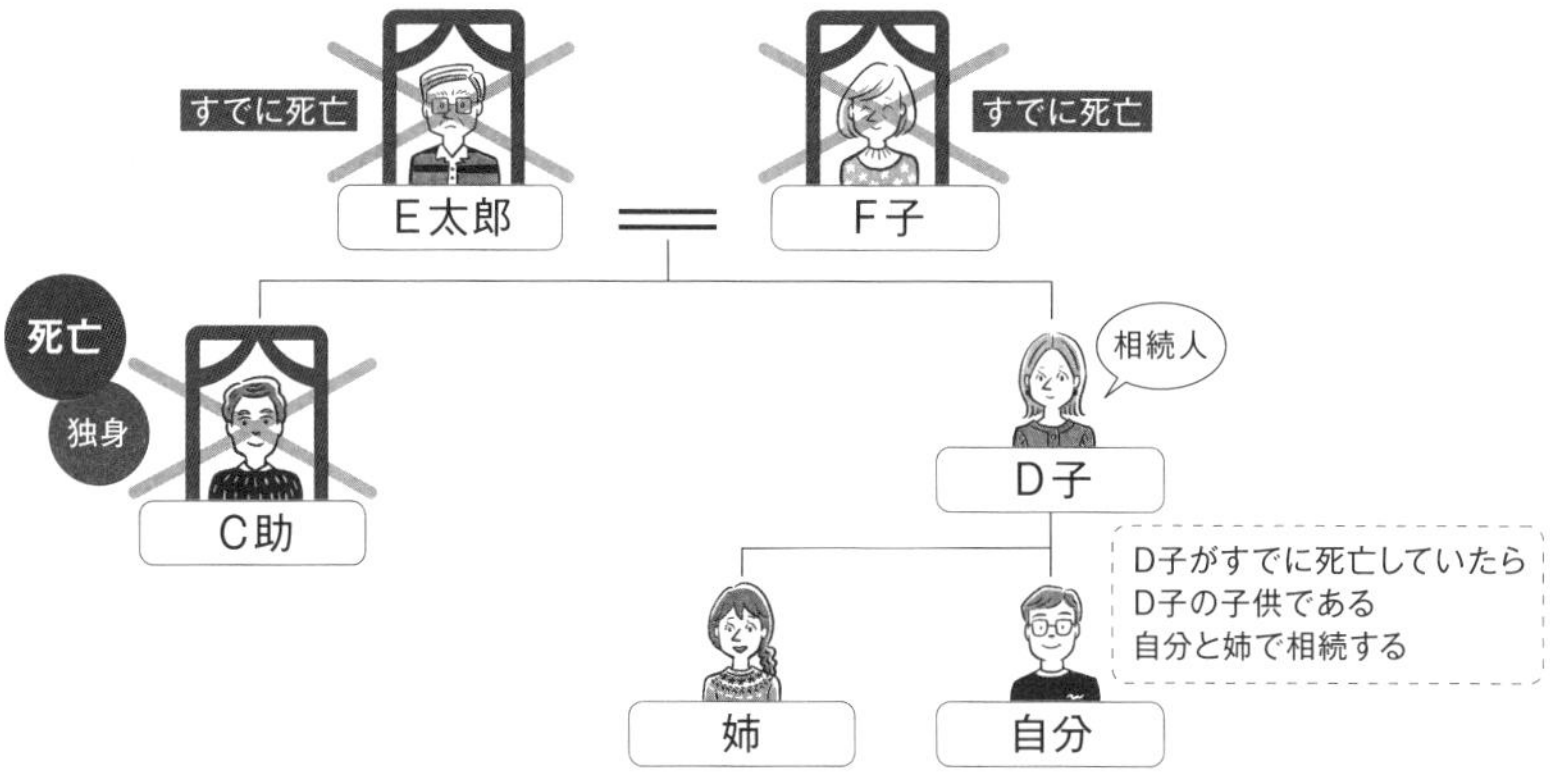

叔父・C助さんが死亡した場合

相続人の範囲

●配偶者は常に相続人

◀ 叔父・C助さんは生涯独身

▼相続できる優先順位

●第1順位は、被相続人の子供（養子・非嫡出子も含む）
●第2順位は、被相続人の父母

●第3順位は、被相続人の兄弟姉妹

◀ 子供もいない、父母も祖父母もすでに死亡しているので兄弟姉妹が相続人になる

相続人の確定方法

☑C助さんの出生から死亡までの連続する戸籍謄本をすべて集めて、過去に結婚していないか、子供がいないかを調査をする。

☑C助さんの父母の死亡の事実が記載されている戸籍謄本を集めて、死亡の事実を証明する。祖父母の死亡の事実が記載されている戸籍謄本を集めて、祖父母も存命でないことを証明する。

☑C助さんの父母の出生から死亡までの連続する戸籍謄本をすべて集めて、C助さんの兄弟姉妹を確定する。

〈こんなケースもある〉

C助さんのきょうだいであるD子さんが死亡していてその子供が存命の場合、相続権はD子さんの子供に移る。その場合、D子さんの出生から死亡までの連続する戸籍謄本をすべて集めてD子さんの子供を確定する。D子さんの子供が自分と姉だけであることがわかれば、自分と姉ふたりでC助さんの遺産を相続する。

知りたいポイント⑩

親が亡くなったあと財産を把握する方法を知りたい

answer

自宅内を探し、各機関にも問い合わせを

正確に把握しないとペナルティあり

親が財産を引き継ぐ準備をしないまま亡くなってしまうと、相続人はあとから財産を探し出さなくてはなりません。遺産を相続人同士で分けて相続税を申告・納税するためには、遺産の額を正しく把握しておく必要があります。

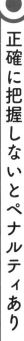

みんなの声
●財産の情報について、親の生前に正確に引き継いでおきたい

相続税はたくさん相続するほどかかる仕組みの税であるため、相続した額を誤って少なく申告してしまうと「**過少申告加算税**」というペナルティが課されます。税務署から指摘される前に、自分で誤りに気づいて修正申告をすれば問題ありませんが、税務署から指摘されて修正申告を行うときは、不足額に応じて、10～15％の税率で追加納付する必要があります。新たに発覚した分の相続税額が、当初の相続税額以上または50万円以上の場合は、税率が高くなる場合があるので、注意が必要です。

相続税は死亡から10カ月以内に申告・納付しなくてはいけないので、親が亡くなったあとから財産の確認を始める場合、なるべく早く財産を洗い出す必要があります。

まずは財産とは何かを把握し（P24）、関連する書類などを故人の自宅から探し出していきましょう。その後、各機関に問い合わせていくことになります。

みんなの声
●通帳と印鑑のある場所を知っておくべきと聞いたことがある

●預貯金の探し方

どの金融機関の口座に預貯金があるのか把握するためには、次のようなものを探してみましょう。

●通帳・キャッシュカード
●パソコンやスマホのWeb口座

ほかにもキャンペーンのお知らせのような郵便物やノベルティなど、ヒントになりそうな情報を集めましょう。口座を持っていそうな金融機関が絞り込めたら電話で問い合わせを。相続人であることを証明するために必要な書類を教えてくれるので用意します。

死亡時の預金額を示す「残高証明書」は、相続税を申告する際などに正式な書類になるため、発行をお願いしておきましょう。

これって何？
残高証明書
利用している金融機関の窓口で手続きを行うと付与される。銀行によるが、1〜2週間ほどで発行可能。

みんなの声
●株を相続したけど、現金化してから相続すればよかったと後悔してます…

有価証券の探し方

株や投資信託などの有価証券の取引先を特定するためには次のようなものを探してみます。

●取引報告書
●株主総会招集通知書
●配当金支払通知書

これらが見つからないときは有価証券の保管・受け渡しなどを行う機関である「証券保管振替機構（通称・ほふり）」へ情報開示請求をしてみましょう。故人が取引していた証券会社が判明したら、該当する証券会社へ電話で問い合わせをして、必要書類を用意のうえ「残高証明書」の発行手続きへと進めます。

これって何？
証券保管振替機構
日本唯一の保管振替機関。株券などの有価証券の保管、受け渡しや手続きを簡素化することを目的として設立された。

不動産の把握の仕方

親が不動産を所有しているかどうか把握するには次の方法があります。

- 固定資産税の納税通知書
- 土地や建物の権利証

これらが手元になく、不動産のある市区町村までがわかっているときはその自治体へ行き、名寄帳《なよせちょう》を取得します。その際は共有名義の名寄帳も請求し、漏れがないようにしましょう。ここまでで土地の「地番」や建物の「家屋番号」を把握できたら法務局へ向かいます。「登記簿謄本」を取得し、所有者に故人の名前があれば、その不動産は相続財産の対象になることが明らかになります。

これって何？

登記簿謄本

土地・建物など不動産の所有者を記載している公的な書類のこと。登記事項証明書ともいう。

みんなの声
●預貯金・不動産・株券等の財産管理を共有していなかった（聞いていなかった）

借金の把握の仕方

借金を抱えたまま亡くなってしまった場合は、放棄の手続きを取らない限り、相続人が引き継ぐことになります。次のようなものがないか、早めに確認をしましょう。

●督促状
●通帳に記載されている返済の履歴

これらがなくても、信用情報機関に情報開示の請求を行うと、故人の借金の状況がわかります。

ただし、こういった方法で把握をしようとしても、個人間の借金については明らかになりません。できれば生前のうちに借金の有無を確認し、返済をしておいてもらうのがベストです。

これって何？
信用情報機関
個人のクレジットやローンの利用状況を記録している機関のこと。（株）シー・アイ・シーや（株）日本信用情報機構など。

知りたいポイント⑪

親が借金やローンを抱えたまま亡くなったらどうすればいい？

answer

そのままだと返済義務がある。返済を引き継がない場合、手続きが必要

マイナスの財産があるときの対処法

相続をする際、プラスの財産を引き継ぐときは同時にマイナスの財産も引き継がなくてはいけません。例えば5000万円の貯金と4000万円の借金があって、5000万円の貯金だけを相続する

これって何？

家庭裁判所

少年や家族にまつわる話し合い・手続き・裁判を行う機関のこと。

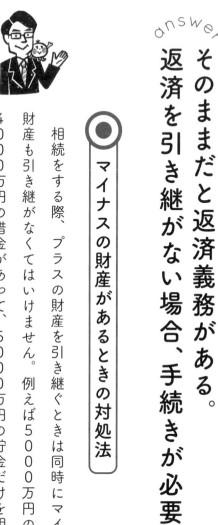

ことはできません。借金を残して亡くなった人の財産のうち、プラスの財産だけを相続することは原則的には不可とされています。相続財産の中に借金などのマイナスの財産や引き継ぎたくない財産がある場合、厳密には次の3つの方法のいずれかで相続を進めます。

1 **単純承認** プラスの財産と同時にマイナスの財産も相続する方法。返済義務も引き継ぐ。手続きは不要。
2 **限定承認** 相続で得るプラスの財産内で返済をする方法。
3 **相続放棄** プラスの財産もマイナスの財産も一切引き継がない方法。

限定承認、または相続放棄をする際は、被相続人が亡くなってから3カ月以内に家庭裁判所へ申し立てて手続きをする必要があります。何も手続きをしないと単純承認となり、返済義務を負うことになります。

みんなの声
●住宅ローンだけ残ったので、相続放棄したけど、あれで良かったのか少し疑問でした

マイナスの財産があるときの相続方法

①
単純承認

●プラスの財産もマイナスの財産も引き継ぐ

●特別な手続きは不要

●被相続人のマイナスの財産がどれくらいあるかわからないときは選ばないほうがよい

②
限定承認

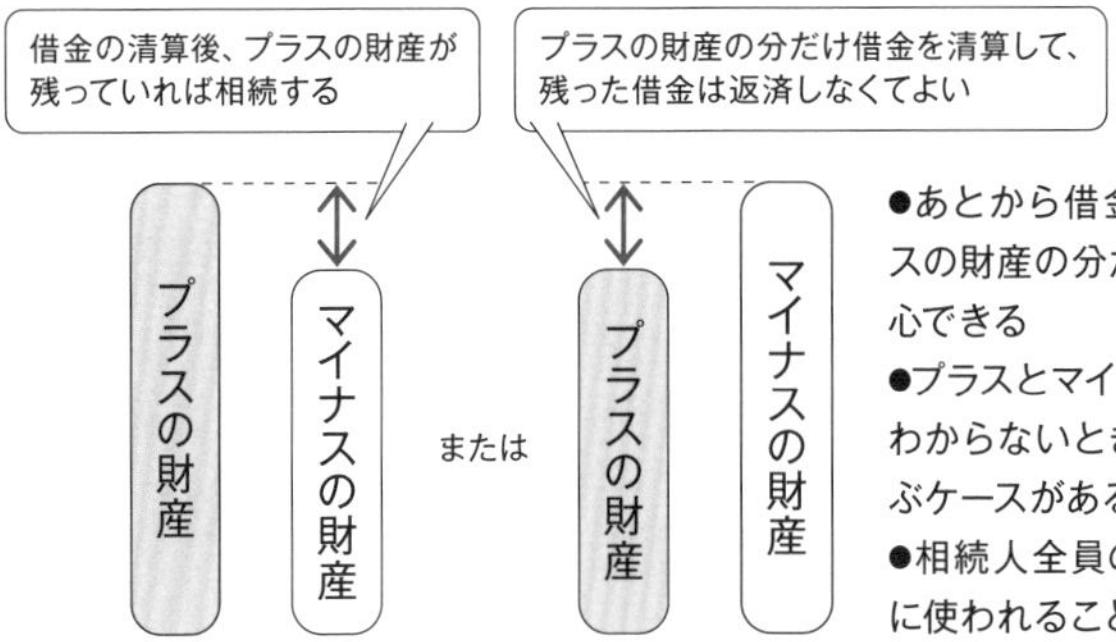

●あとから借金がわかった場合でもプラスの財産の分だけ清算すればよいので安心できる

●プラスとマイナスどちらの財産が多いかわからないときに、限定承認の手段を選ぶケースがある

●相続人全員の協力が必要なため、実際に使われることはあまりない

③
相続放棄

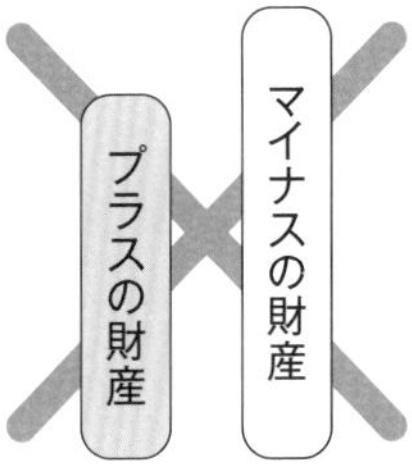

●プラスもマイナスもすべての財産を放棄する

●相続の権利が他の人にまわるため、自分以外の相続人に借金を押し付けるかたちになる。事前に伝えておくなどの配慮が必要

3つの相続方法の注意点

1. 限定承認または相続放棄をするときは家庭裁判所で手続きをする

●手続きの期限は「自己のために相続の開始があったことを知ったときから3カ月以内（被相続人が亡くなり、自分に相続する権利があることを知った日の翌日から3カ月以内）」。

●この3カ月の期間を「熟慮期間（考える期間）」という。

●熟慮期間のうちに申請をすれば熟慮期間は伸長可能。ただし状況に応じて必ずしも認められるわけではない。

●熟慮期間のうちに何も手続きをしていなければ単純承認をしたことになり、マイナスの財産も引き継ぐことになる。

2.「みなし単純承認」に気をつける

●被相続人の遺産を処分したり消費したりすると相続したとみなされる。

●例えば故人の口座からお金を引き出して使った段階で遺産を単純相続したことになるため、故人の財産はひとまず触らないほうがよい。

●ただし葬儀代など決められた範囲内で使用する分には問題がないので、弁護士などの専門家に相談をする。

3. 債務が住宅ローンのとき、被相続人が団信に加入していれば返済義務を負わない

●住宅ローンの名義人が亡くなったとき、住宅ローンもマイナスの財産として引き継ぐ遺産の対象になるが、団体信用生命保険（団信）に加入していれば完済扱いとなる。

●熟慮期間のうちに何も手続きをしていなければ単純承認をしたことになり、住宅ローンもマイナスの財産として引き継ぐことになる。

知りたいポイント⑫

親が亡くなったあと遺言書を探す方法を知りたい

answer

まず自宅や貸金庫を探す。なければ照会をかける

公証役場や法務局に保管されることがある

遺言書の有無が不明の場合、親が亡くなったあと、すぐに遺言書を探し出す必要があります。遺言書があれば遺言書の通りに遺産を分けなくてはいけないからです。具体的には、次のような手順で探

これって何？

遺言検索システム

公正証書遺言のデータを一元で管理するシステムのこと。検索をすれば遺言者の氏名や作成年月日などがわかる。

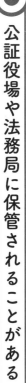

みんなの声

●子供のいない夫婦は、きちんと公証役場で遺言書を作っておくと安心。我が家の場合はスムーズに相続できた

していくことになります。

1 **自宅内を探す**
2 **貸金庫を探す**
3 **公証役場の遺言検索システムで調査**
4 **法務局に「遺言書保管事実証明書」を請求して調べる**

自宅内になければ、取引のあった銀行などの貸金庫に預けていないか問い合わせてみましょう（2）。そこで見つからなければ、公証役場に保管されている可能性も。1989年以降に作成された公正証書遺言を探すことができます（3）。自筆証書遺言であれば法務局の保管制度を利用しているかもしれません。遺言書の有無を調べる「遺言書保管事実証明書」を請求してみましょう（4）。遺言書があるとわかれば「遺言書情報証明書」を請求すると写しがもらえます。

これって何？
遺言書保管事実証明書
遺言書が保管されているかどうかを記載している証明書。遺言書の中身は確認できない。

これって何？
遺言書情報証明書
遺言書を画像として表示する証明書のこと。遺言書の中身を証明してくれるため、内容を確認できる。

自筆証書遺言は必ず検認をする

検認とは、家庭裁判所に自筆証書遺言を提出し、開封・中身を確認する作業のことです。「遺言書にはこのように書かれています」と明らかにし、偽造を防ぐ意味があります。自分で書くタイプの自筆証書遺言を検認しないまま開封することは違法となり、**勝手に開封すると過料が科されることがあります。**

検認は被相続人の最後の住所地の管轄内の家庭裁判所に申し立てなくてはいけません。また、検認そのものは10分程度で終わりますが、申し立てから検認を行う日まで1〜2カ月ほどかかることがあります。

公正証書遺言は見つけ次第、検認の必要なく開封でき、有効性を持ちます。一方、自筆証書遺言は検認されていないと、相続の手続きには使用できません。

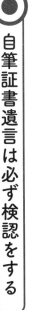

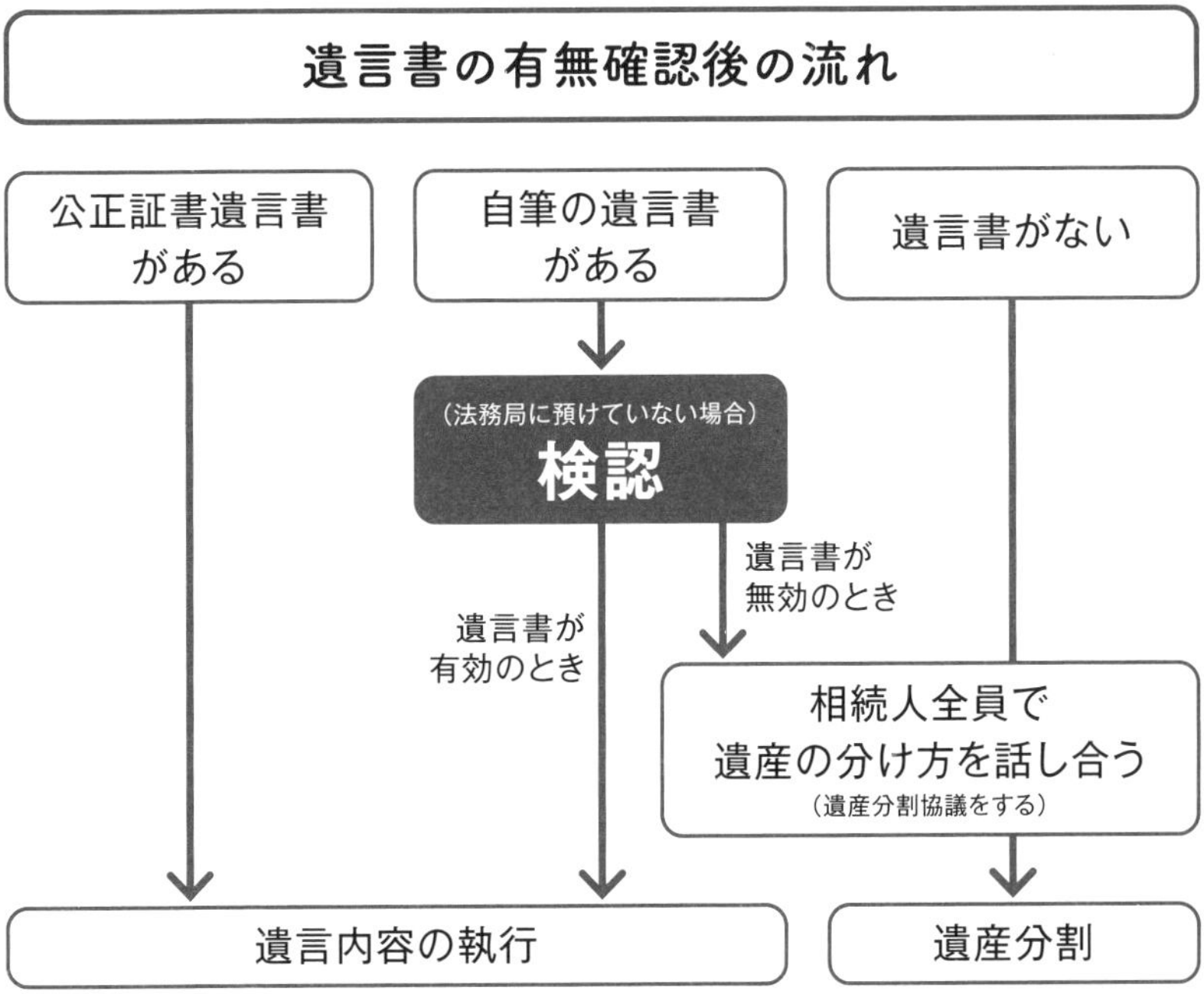

検認のポイント

- 検認は遺言書の有効・無効を決めるものではなく、偽造を防ぐために行われるもの。
- 遺言書の形式不備などにより遺言書が無効となることはある。その場合は分割方法を相続人同士で話し合って決める。
- 検認の前に開封をすると過料を科されるが、遺言内容が無効になるわけではない。

まとめ

第2章

絶対に知っておきたい、相続のきほん知識

- 相続には優先順位がある。配偶者は常に相続人となり、遺産は上位の相続人と分ける
- 遺言書には法的な拘束力がある。ただし法で定められた形式に則っていないものは無効になるので注意
- 遺言書は無理に書かせてはいけない。気分を害されトラブルのもとになるだけでなく、法律違反にもなる
- 親が死亡したあとで財産を把握したいときは、口座を持つ金融機関などを特定し、直接問い合わせをする
- 親が借金を抱えたまま亡くなったとき、家庭裁判所で手続きをすれば借金の一部またはすべて放棄できる
- 法務局や公証役場以外の場所で見つかった遺言書は開封の前に家庭裁判所で必ず検認の手続きをする
- 相続人には優先順位がある。戸籍を見て血縁関係を洗い出して相続人を確定させる

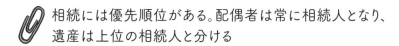

第3章

よくあるトラブルから Q&Aで相続を学ぼう

知りたいポイント⑬

話し合いで遺産を分けるときのもめないコツを知りたい

answer

実情に合わせて不公平感が出ないように分ける

これまでの不満が噴出することがある

遺言書がないまま親が亡くなってしまうと、相続人同士で話し合って遺産の配分を決めることになります。これを「遺産分割協議」といいます。遺産分割協議は、全員が合意しないと成立しません（P

みんなの声
●きょうだい間の遺産争いだけは避けたい

39）。そのため、もめずに、**納得感のある配分を相続人全員で目指すことが大切**になってきます。

遺産はただ平等に分ければいいわけではありません。実情に合わせて配分をしないと不満につながります。例えば「介護を手伝ったのに弟と取り分が同じなのはおかしい」、と姉が主張するといった具合です。親と同居して生活をサポートした、仕事をやめて親の家業を手伝った、学費を出してもらった、結婚資金や新築費用を出してもらった……など、状況を鑑みて分けるのがポイントです。

特に気をつけたいのは二次相続のときです。例えば父母（夫婦）と2人の子供（A・B）がいたとします。父が亡くなったときは遺産を母と子A・Bで分けます（一次相続）。このとき子A・Bは母を支える意識が働き、争うケースはほとんどありません。しかし次に母が亡くなり、遺産を子A・Bで分ける二次相続となったとき、子供同士でこれまでの不満をぶつけあって争う例があります。

これって何？
二次相続
故人の配偶者と子どもが相続をしたあと（一次相続）、故人の配偶者が亡くなって生じる二回目の相続のこと。

パターン③ 分けにくい財産がある

家や土地など分けにくい財産があり、
どのように分ければいいのか困ってもめる

解決のポイント **不動産を売って現金化し、現金を分けるなどの工夫をする（詳しくはP104へ）**

パターン④ 相続人の人間関係がこじれてもめた

知らない人に相続の権利があることが
わかったとき、遺産を分けたくないという
気持ちになってしまい、もめる

解決のポイント **正当な権利がある人にはきちんと遺産を分ける（詳しくはP80へ）**

遺産争いに発展するよくあるパターン

よくある“もめるパターン”を紹介します。
トラブルになりそうなときは早めに弁護士に相談をしましょう。

パターン① そもそも不仲である

相続が始まる前から仲が悪く、相続で争いに発展しやすい

解決のポイント できればお互いに歩み寄り、対話を試みる

パターン② 不公平感がある

お金をもらった、お金を出した、世話をした、などお互いの事情が納得できずにもめる

解決のポイント 金額や時間をすべて書き出して客観的に見直してみる

知りたいポイント⑭

不仲のきょうだいに遺産を渡さないのはアリ？

answer

遺留分を主張されたら必ず渡さなくてはいけない

最低限の遺産を保障する遺留分

遺産相続の際は「遺留分」に注意が必要です。**遺留分とは、法によって保障された最低限の遺産取り分のことで、遺言書の内容よりも優先されます。**例えば、親が亡くなって「3人きょうだいのA・B・

みんなの声
●親に不義理をはたらいた兄には遺産を渡したくない

Cのうち A にすべての遺産を相続させる」という遺言書があったとしても、あとの2人は遺留分を主張すればその分はもらえます。親が亡くなって、きょうだい同士で遺産を分けるとなったとき、「不仲のきょうだいにだけは遺産を渡したくない」と思っても、「遺留分がほしい」と請求されたら、渡す必要があることを覚えておきましょう。

また、仮に不動産と少額の現金をきょうだいD・Eで分けるとき、Dは不動産を、Eは現金を相続したとします。このときEが遺留分に満たない額をDに請求したら、Dは現金で渡す必要があります。

なお、**遺留分を主張できるのは相続の優先順位が第2順位までの人**で、第3順位の故人の兄弟姉妹に遺留分はありません。遺留分は相続人との関係によってもらえる割合が決まります。**遺留分の割合は、法定相続分**（P38）**の半分と覚えておけばよいでしょう**（P79）。

みんなの声
●話がこじれて、もらえていないままの遺産は、いつまでに請求すればいいんだろう…

遺留分のポイント

遺留分とは、最低限保障される遺産の取り分のこと

●遺留分を請求されたら必ず渡さなくてはいけない

●遺留分は遺言書より優先されるため、
自分の遺留分が侵害されているときは相続人に請求できる
（主張したら必ずもらうことができる）

●請求しなければ遺留分はもらえない

●遺留分が不要であれば請求しなくてもよい

遺留分の請求を主張できる人は決まっている

●相続の優先順位第２位までの人（故人の親・子など直系の尊属・卑属）が請求できる

●故人の兄弟姉妹（優先順位第３位）は遺留分を主張できない

遺留分には時効があり、時効を過ぎてから請求するのは難しい

●「被相続人が亡くなり自分が相続人であることを知ったとき」と
「自分の遺留分が侵害されていることを知ったとき」から
１年以内に請求しなくてはいけない。１年を過ぎると請求権が消滅する

●被相続人が亡くなったことを知らなかったときは、
亡くなってから10年で請求権が消滅する

遺留分を請求されたら弁護士に相談をする

●原則的には遺留分を請求されたら現金で払う必要がある

●減額の交渉を試みることは可能である

これって何？
卑属
子・孫など自分よりあとの世代の血縁関係者のこと。

これって何？
尊属
父母・祖父母など自分より前の世代の血縁関係者のこと。

遺留分を請求できる割合

遺留分は故人との関係によって請求できる割合が変わります。
全財産のうちどれくらいを請求できるのか確認しましょう。

相続人	遺留分	
配偶者のみ	2分の1	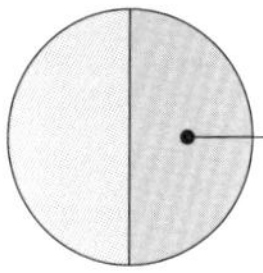 配偶者 $\frac{1}{2}$
子のみ	2分の1 該当する人数で割る	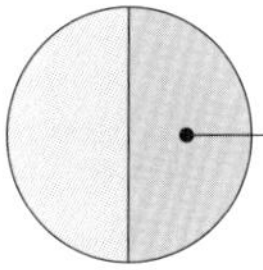 子 $\frac{1}{2}$ 該当する人数で割る
配偶者と子	配偶者4分の1 子4分の1 該当する人数で割る	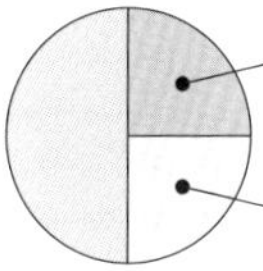 配偶者 $\frac{1}{4}$ 子 $\frac{1}{4}$ 該当する人数で割る
兄弟姉妹・甥姪	なし	

知りたいポイント⑮

行方不明のきょうだいがいて見つからないときはどうする？

answer

専門家を頼って探してもらう。不在者財産管理人の選任を申し立てるのも手

音沙汰ないきょうだいも相続人になる

遺産分割協議は、相続人全員で合意を形成しなくてはいけません。相続人が音信不通状態でも相続権は消えないので、遺産分割協議を行う際はその旨を伝える必要があります。個人でも行方不明者の戸

これって何？

相続人の調査

弁護士や司法書士などに相続人の調査を依頼できる。手数料は戸籍謄本などの取得数や行方不明者調査の手間に応じて数万円から数十万円が相場。そこに実費がかかる。

みんなの声

●20年以上音信不通のきょうだいがいる……遺産分割の話し合いができなさそうで不安

籍の附票から現住所を探し出すことはできますが、煩雑で時間がかかるため、行方不明の相続人がいる場合は司法書士などの専門家に調査を依頼し、連絡をとってもらうようにしましょう。

それでも行方がわからないときは「**不在者財産管理人**」の選任を家庭裁判所に申し立てることにします。不在者財産管理人が行方不明の相続人に代わって遺産を相続し、管理をするという制度です。あとから相続人の行方がわかり、連絡がとれたときには遺産を渡すことになります。もうひとつ、長年連絡がつかない相続人がいる場合は「失踪宣告」を家庭裁判所に申し立て、認められると、法律上は死亡したこととして扱うこともできます。ただしこちらは判断が重い手続きになるため、時間も手間もかかります。

行方不明のきょうだいがいるときは、ひとまず、不在者財産管理人の制度の活用を念頭に置き、必要に応じて専門家に対応を依頼するとよいでしょう。

これって何？

不在者財産管理人

従来の住所を去り、戻る見込みのない者に代わって財産を管理・保護する人のこと。家庭裁判所が選任する。

知りたいポイント⑯

異母きょうだいの存在が発覚…遺産を分ける必要はある？

answer

遺産を相続する権利あり。連絡をとれるようにしよう

意外な相続人が見つかることがある

故人の戸籍をたどっていくと、出生・死亡の事実だけではなく、結婚・離婚・子の誕生も判明します。そのため相続人調査で過去に離婚・結婚の事実があったことがわかったり、前の配偶者との間に

子供がいたことがわかったりすることがあります。「存在を知らないきょうだいがいた。遺産を分けたくない」という心情でも、子は遺産を相続する権利があり、法定相続分も嫡出子や養子と平等に定められています。

- ●嫡出子　婚姻関係にあった男女の間に生まれた子
- ●養子　法律の手続きを経て親子関係になった子
- ●非嫡出子　婚姻関係にない男女の間に生まれた子

内縁関係や不倫関係など法律上の結婚をしていない男女から生まれた非嫡出子は、母親の戸籍に入ることがほとんどです。その場合、非嫡出子の父親からの認知をもって相続する権利が生じます。

意外な相続人が現れても冷静に対応をしていきましょう。

これって何？

養子の相続と法定相続分

普通養子縁組の場合、養子は実親と養親の法定相続人になる。特別養子縁組の場合は、養親のみの相続人になる。ともに、法定相続分は実子と同じ。

知りたいポイント⑰

きょうだいが遺産を隠していて渡してくれない

answer

冷静にまずは財産がある証拠を押さえる

もめる予感があればすぐに弁護士に頼ろう

「亡くなった親の財産をきょうだいが隠しているかもしれない」「どうも渡したくないようではぐらかされる」「きょうだいから遺産をあげないと言われた」

このようなときは弁護士へ相談をしましょう。相手が財産を隠そ

これって何？

弁護士への相談

主に、弁護士へ支払う費用は相談料・着手金・報酬金・日当・実費がある。相談内容の難易度により費用総額は数十万円〜。初回の相談のみ無料とする事務所も多い。

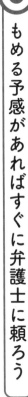

みんなの声

●親の遺産はもっとあるはずなのに、同居する兄夫婦が隠している気がする

うとしているときに直接話し合いを試みると、関係は悪化します。きょうだいが財産のありかを握っていて故意に隠している疑いがあるときの財産の調査は困難ですが、P56を参考に、故人の財産があるという証拠をまずは押さえることが大切です。その後は専門家に任せるのがよいでしょう。

遺産を分割したあとできょうだいが財産を隠している疑惑が出てきたときも同様です。あとから財産が出てきたときは遺産分割協議のやり直しへと進みます。相手がやり直しに応じないときは、弁護士の助言を受けつつ交渉し、最終的には調停や訴訟を起こす流れになります。

親が亡くなる以前からきょうだい関係が悪く、遺産をもらえない気がする場合、事前に親に財産目録の作成・共有をしておいてもらうと、こういったトラブルは防げます。仮に親から遺産を渡したくないと遺言されたときは、遺留分だけは請求可能です。

これって何？

財産目録

所有する財産を一覧にまとめたもの。作成しておくと相続財産の分割がスムーズになりやすい。家族がわかるよう「どこに・何の財産が・いくら」あるのかを明記する。

知りたいポイント⑱

相続人に認知症の人が含まれている

answer

判断能力が衰えている場合は代理人を立てる

認知症の人は遺産分割協議に参加できない

相続人が認知症であるからといって相続できる権利は消えません。しかし法律上では意思能力がない者として扱われます。そのため遺産分割協議のような重要な判断をする際は「**成年後見制度**」の利用

みんなの声

●姉と遺産を分けることになるが、認知症で意思疎通が難しそう

を家庭裁判所に申し立て、代理人を選出してもらい、代理人が本人に代わって判断をしていくことになります。

〈認知症の人がいたら代理人を立てる〉

●**遺言書があるとき**　認知症の人にも遺言通りに遺産が配分される。

●**遺言書がないとき**　認知症の人は遺産分割協議に参加できないため、代理人が協議に参加し、合意ができれば遺産が配分される。

遺産が分配されたあとも代理人が本人の金銭を管理していきます。

なお、代理人は司法書士などの専門家か利害関係のない親族から選ばれます。一度選出されると亡くなるまで代理人が意思決定を行い、金銭の管理をしていくため、成年後見制度を利用するときはP92〜93などを参考にし、よく検討を重ねてからにしましょう。

これって何?

成年後見制度

認知症などで判断能力が低下した人を法律的に支える制度。代理人が契約や手続きをする。家庭裁判所が代理人を選ぶ「法定後見制度」と、本人が代理人を選ぶ「任意後見制度」がある。

相続人の中に認知症の人がいるとき留意したいこと

意思疎通ができないからといって遺産を渡さないのはNG

●認知症であろうと、勝手に遺産分割協議書にその人の署名をすると、私文書偽造の罪になる

成年後見制度により選出された代理人が本人の代わりに意思決定をする

●法律に基づく判断や金銭管理は代理人が行う

●認知症の人は相続放棄はできない

●遺言書があれば、遺言書の通りに遺産が渡される

●遺言書がない場合は、遺産分割協議に代理人が参加する

●成年後見制度は使いにくい側面もあるため、決定は慎重に

相続人に認知症の人がいるとき 相続をスムーズにする方法

1. 生前に遺言書を書いてもらう

●遺言書がないと、故人の預貯金の払い戻しや不動産の売却時など重要な手続きの際、遺産分割協議書が必要になる。

※遺言書がなく、相続人同士で話し合って法定相続分（P38）で分ける場合は、遺産分割協議を行わなくてもかまわない（ただし不動産を法定相続分だけ持つときは共有名義で持ち合うことになるため、後の売却時には結局代理人が必要になるので注意）。

●遺言書があれば遺産分割協議の必要はなく、その後の手続きが楽になる。ただし、遺産分割協議書は遺言書以外の分割を行う際に必要になるケースもある。

2. 家族信託を活用する

●生前に家族信託を結んでおくことで、信頼できる家族と被相続人の財産の管理や処分をしやすくなる（詳しくはP94）。

3. 後見制度を検討する

●選出された代理人にて重要な判断を行う法定後見制度の活用や、本人の判断能力があるうちに任意後見人を選んでおくことで、相続をスムーズに行いやすくなる（詳しくはP91～93）。

遺産分割協議書の記載例

遺産分割協議書

被相続人山田太郎（令和●年●月●●日死亡 東京都武蔵野市南北町○丁目○番地）の遺産については、同人の相続人の全員において分割協議を行った結果、各相続人がそれぞれ次のとおり遺産を分割し、取得することに決定した。

一 相続人山田花子が取得する財産

（1）東京都武蔵野市南北町○丁目○番
宅地 ○○○○平方メートル

（2）右同所同番地家屋番号○番
木造瓦葺平屋建居宅 床面積○○○平方メートル

（3）右居宅内にある家財一式

（4）○○○○株式会社の株式 ○○株

（5）株式会社○○○○の株式 ○○○○株

（6）・・・・・・・・・

二 相続人山田一郎が取得する財産

（1）株式会社山田商店の株式 ○○○○株

（2）○○銀行○○支店の被相続人山田太郎名義の定期預金壱口 ○○万円

（3）・・・・・・・・・

三 相続人鈴木和子が取得する財産

（1）東京都国分寺市東西町○丁目○番 宅地 ○○○平方メートル

（2）○○社債券面額 ○○○円

（3）現金 ○○○円

（4）・・・・・・・・・

四 相続人山田一郎は、被相続人山田太郎の次の債務を継承する

○○銀行○○支店からの借入金

右のとおり相続人全員による遺産分割の協議が成立したので、これを証するための本書を作成し、左に各自署名押印する。

令和●年●月●日

東京都武蔵野市南北町○丁目○番地
相続人 山 田 花 子 印

東京都武蔵野市南北町○丁目○番地
相続人 山 田 一 郎 印

東京都三鷹市上町○丁目○○番地
山田一郎の特別代理人 山 野 太 郎 印

東京都国分寺市東西町○○丁目○番地
相続人 鈴 木 和 子 印

●遺産分割協議書の書式に特に決まりはない ●相続人のなかに未成年者がいる場合、未成年者の権利を守るために、家庭裁判所でその未成年者の特別代理人の選任を受けなければならない場合がある ●押印は認印や拇印でも可だが、実印の方が良いとされる ●パソコンで執筆が可能

参考：
国税庁 相続税の申告のしかた（令和５年分用）
「遺産分割協議書の記載例」をもとに作成

知りたいポイント⑲

親が認知症になりそうで不安…相続の準備はどうすればいい？

answer

元気なうちに家族信託を検討したり、遺言書を用意してもらうのも◎

判断能力の低下を招く前に対策しよう

認知症の人が書いた遺言書は無効になることがあります。正常な判断に基づく意思表示が難しいとみなされるためです。**相続争いの火種がある場合は、親の認知能力が低下する前に遺産をどうするか**

みんなの声
●親が老いてきたけど、この先、認知症を発症したら遺産相続はどのように進むんだろう……

相談しておき、遺言書を書いておいてもらうとよいでしょう。

また、認知症の患者の財産は次のふたつの制度で守ることができます。ひとつ目は「**法定後見制度**」の活用です。認知症などにより判断能力が低下した人を法的に支える制度で（P92）、家庭裁判所で選出された代理人が法的な手続きや契約、お金の管理などを行います。他にも、「任意後見制度」という、本人の判断能力があるうちに、任意後見人を選んでおく制度があります。

もうひとつは、「**家族信託**」の活用です。家族間で信託契約を結んでおくことで、財産を柔軟に扱うことのできる制度です。例えば、親が子に信託すると、子は親の財産を比較的自由に扱えるようになります。一方で、法定後見制度は第三者が財産を管理します。本人の権利と利益を第一に守る意義があり、家族にとっては少々不自由な点も目立ちます。しかし家族信託であれば、財産の処分・売却や、資産の組み換えも可能です。

これって何？

家族信託

家族間で信託契約を結ぶこと。委託者は未成年者以外の家族であれば誰とでも契約をできる。

法定後見制度とは

●疾患などにより、正常な判断能力を喪失した人を守るための制度
●家庭裁判所が本人の代わりにとなる代理人を選出する
●本人の判断能力の程度によって、成年後見人・保佐人・補助人のいずれかが選出され、代理人となる
●代理人が本人の代わりに重要な判断を行うようになる
●代理人が判断したことはすべて家庭裁判所に報告する義務がある

□メリット
・本人の財産や安全を最優先した判断が行われる
・収支が記録されるため、相続時までの本人の金銭の流れがわかりやすい

□デメリット
・家庭裁判所が代理人を選出するため、見知らぬ法の専門家が選ばれることがある（ただし近年は親族が選ばれる傾向にある）
・本人の財産や安全を守る制度のため、本人以外にとっては柔軟性に乏しい
・代理人は家族との意向とは合わない判断を行うことがある
・月２万～６万円程度のコストがかかる
・本人が亡くなるまで、制度の利用を途中でやめることができない

相続においては……
・「被」後見人が遺言書を作成することは、場合によっては可能

こんなときに使おう
・家族信託制度を引き受けてくれる人がいないとき

みんなの声
●成年後見制度を利用している知り合いに、お金の引き出しに手間がかかると聞き、慎重に決めたいと感じた

法定後見制度の３つの類型

法定後見制度

すでに判断能力が不十分な場合
家庭裁判所が代理人を選定

代理人

本人の判断能力が全くない	本人の判断能力が著しく不十分	本人の判断能力が不十分
↓	↓	↓
後見人	保佐人	補助人

後見人に代理権と取消権が与えられる	保佐人に一部の代理権と同意権、取消権が与えられる	補助人に一部の代理権と同意権、取消権が与えられる

報酬：家庭裁判所が決定（月あたり2万～6万円程度）

家族信託とは

●財産の管理を家族に委託できる制度
●家族と信託契約を結び、その家族が財産を管理・運用する
●金融機関に家族信託専用の口座を開設してお金を管理する
●認知機能が低下する前に契約する必要がある

□メリット
・財産を活用する目的を家族が自由に決められる
・成年後見制度よりも柔軟に活用しやすい
（例えば不動産を売却・処分できるなど）
・月々の費用はほぼかからず、成年後見制度と比較すると安く済むケースが多い

□デメリット
・委託された親族とそうでない親族との間で、不公平感が生じやすい
・信託契約書の作成には専門家への報酬や公証役場の手数料がかかり、開始までに数十万円ほど要することも
・不動産が含まれるときは不動産登記の費用がかかる
・農地や有価証券など、信託できない財産がある

相続においては……
・相続が発生したときにスムーズに財産を移行しやすい
・財産の所有者（委託者）が亡くなった後の委託先（受益者）を決めておけるので二次相続が楽

こんなときに使おう
・本人の財産の運用や処分を見据えているとき
（法定後見制度では運用・処分ができない）

みんなの声
●自分が認知症になったら財産管理は子供に任せたいけど、手続きは大変?

家族信託の仕組み

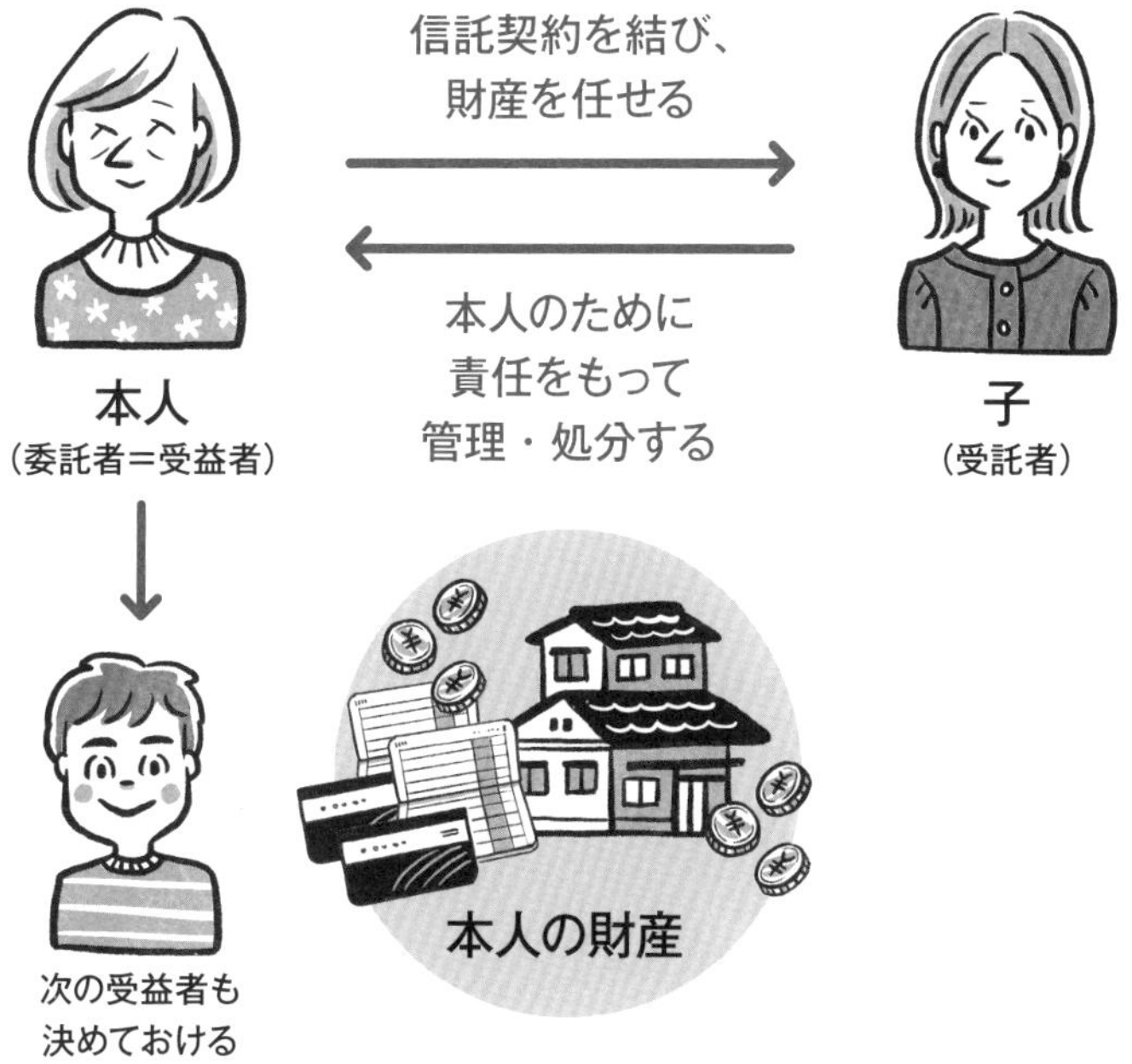

- ●委託者…財産を所有する人
- ●受託者…財産の管理や運用を任される人
- ●受益者…信託した財産から発生した利益を受ける権利を持つ人

知りたいポイント⑳

義理の親の介護をしたら遺産はもらえる？

answer

相続する権利はないが特別寄与料を主張できる

義理の娘・息子は相続人にはならない

相続できる権利がある人はP38で紹介した通りです。子は親の相続人になれますが、義理の娘・息子の関係だと原則的には相続人にはなれず、遺産はもらえません。

みんなの声
●義理の親の介護をしたので遺産をもらえたら嬉しい

ただ、2019年の法改正で、相続人ではない人が「**特別寄与料**」を請求できるようになりました。これは「**義理の親の介護をした**」「**長年金銭の援助をして故人の生活を守った**」といった場合に、**遺産を相続した人たちへ特別寄与料（金銭）を請求できるという制度**です。

これまで、見返りなく、無償でサポートをしたことにより、故人の財産や生活が維持されてきたとみなされたとき、あとから救済される形になります。

故人の遺産の分割が終わったあと、相続人たちへ請求する流れとなるため、今後の親族関係を考慮すると請求しにくい面もあるかもしれませんが、権利としてもらえる立場にはあることを覚えておいてもよいでしょう。

特別寄与料を請求できるのは、故人の親族のみです。親族とは、配偶者と6親等以内の血族、3親等以内の姻族で、義理の親は1親等、義理の祖父母は2親等の姻族にあたります。

これって何？

親等

親族の関係の数え方。本人を0として世代を1つ経由するごとに数が増える。数字が小さいほど近い親等となる。

遺贈をしてもらう

もうひとつのケースとして、「遺贈」という形で財産をもらうことができます。**遺贈とは、相続人以外の特定の人へ遺言者の財産を譲ること**です。生前に遺贈をする旨を遺言書に書いておいてもらうことで、死後財産を譲り受けることができます。遺贈には「特定遺贈」と「包括遺贈」の2種類があります。特定遺贈とは、渡す財産を特定されてからもらい受ける方法で、包括遺贈とは譲ってもらう財産の割合を指定されたうえで譲り受ける方法です。例えば、財産に不動産と現金がある場合、「不動産はAに」という遺言であれば特定遺贈にあたり、「すべての財産のうち50%をAに」という遺言ならば包括遺贈になります。仮に受け取った包括遺贈の中に負債があったときは返済義務も負わなくてはいけません。特定遺贈で、現金などの管理しやすい財産を遺贈してもらえると安心です。

特別寄与料の仕組み　相続人に請求することで財産をもらう

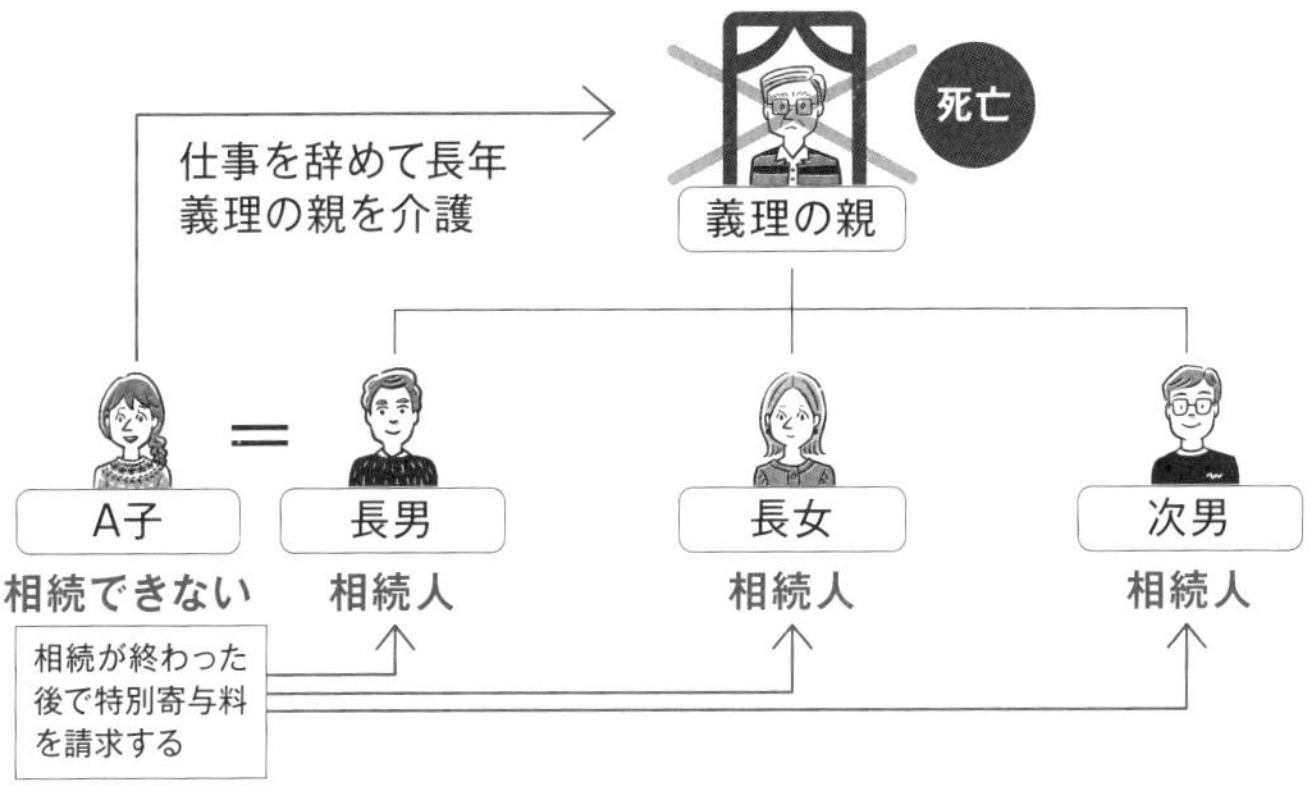

遺贈の仕組み　遺言書に沿って財産をもらう

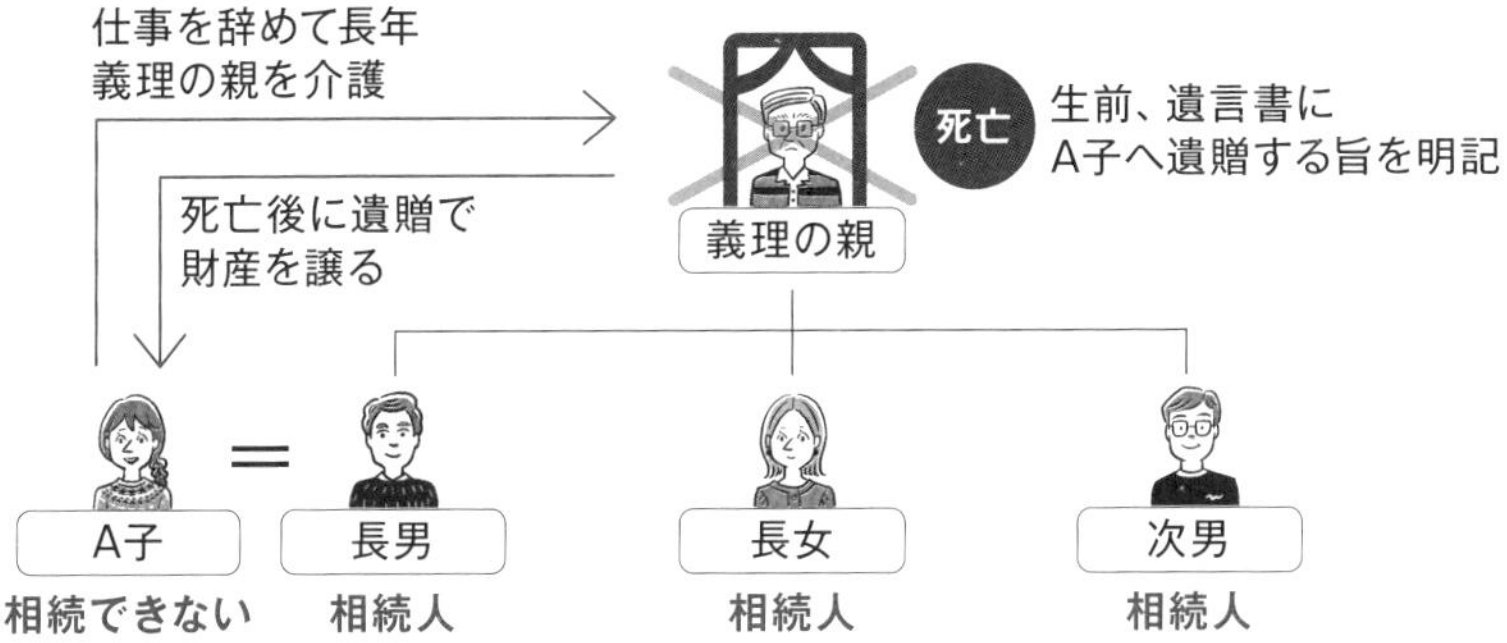

知りたいポイント㉑

親が亡くなると入る生命保険は遺産として相続できる？

answer

相続できる財産ではないため、生命保険の受取人が誰なのか要確認

生命保険は指定された受取人の財産になる

生命保険は遺産に含まれず、契約時に指定された受取人の財産という扱いになります。死亡時にまとまったお金が入ってくるため、分けてもらいたいと思っても、相続人で分け合う義務は特にありま

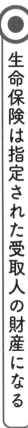

みんなの声

●親が多額の生命保険をかけていると言っていたけど、遺産としてもらえるのかな

せん。また葬儀代やお墓代として使う義務も特にありません。まずは生命保険の受取人が誰に指定されているのか確認してみてください。

仮に、きょうだいのうち誰かひとりが全額を受け取る場合は、もめごとに発展することがあります。そういった事態にならないよう、あらかじめ親から全員へ「生命保険の受取人は長男だけど、全額を葬儀代とお墓代に使ってほしい」などと伝えてもらいましょう。遺言書にその旨を書いておいてもらうことも有効です。

きょうだいの誰かひとりが保険金を受け取ることになっていて、その額が遺産の総額と比較してあまりに多い場合は、「持ち戻し」を主張できます。**持ち戻しが認められると保険金は相続遺産に組み込まれ、その後、相続人で分け合う形にできます。**親の生命保険が受け取れず、客観的に見ても著しく不公平だと感じるときは、弁護士に相談をしてみましょう。

これって何?

持ち戻し

被相続人の死亡後、相続人がこれまで受け取った財産を相続財産として加算をすること。持ち戻しが行われたそのあとで遺産分割や相続税の計算をする。

親の生命保険を受け取ると税金はかかるのか

死亡時の生命保険を受け取ると、税金がかかることがあります。具体的には保険の契約の仕方で変わってきます。

●契約者＝被保険者で、受取人が被保険者の相続人の場合〈例〉契約者、被保険者が父で受取人が子→相続税（控除あり）

●契約者＝受取人で、被保険者は別の人の場合〈例〉契約者、受取人が子で被保険者は親→所得税と、所得税に応じた住民税

●契約者＝被保険者・受取人がすべて別の場合〈例〉契約者は母、受取人は子で被保険者は父→贈与税

「契約者」とは保険を契約し、払い込みをする人。「被保険者」とは保険の対象となる人、「受取人」は保険金を受け取る人を指します。

生命保険（死亡保険・給付金）にかかる税金

●税金については第４章で解説

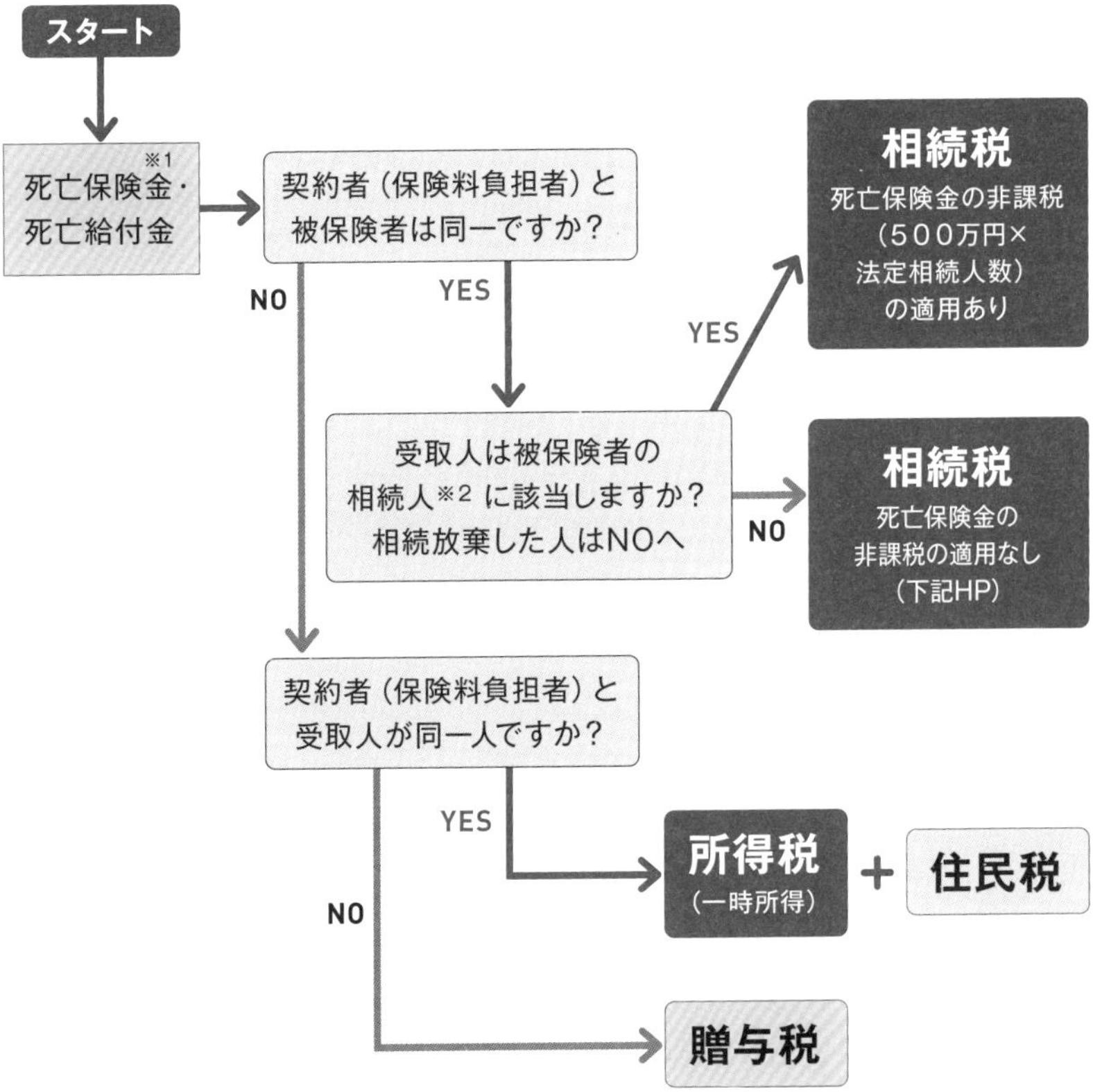

※1 契約者以外の人が死亡保険金を年金形式で受け取る場合は、相続税または贈与税の課税対象となる。
2年目以降の年金のうち相続税の課税対象とならなかった部分は雑所得として所得税・住民税の課税対象に。
※2 相続人には、相続放棄をした人や相続権を失った人などは含まない。

参考：公益財団法人 生命保険文化センター
（https://www.jili.or.jp/knows_learns/basic/tax/62.html）

! 生命保険（死亡保険）は民法上は相続財産ではないが、税法上は相続財産とみなされる

□受け取った人は相続人と分ける必要はない
□著しく不公平な場合、相続人は「持ち戻し」を主張して請求できる（弁護士へ相談する）
□契約の仕方によって相続税、そのほかの税がかかる

知りたいポイント㉒

財産が自宅と現金少しの場合、きょうだい間でどう相続する？

answer

ケースによってベストな選択を。売却後にお金で調整するのもよい

もめているか・もめていないかで選択が変わる

親が残してくれた財産は自宅と数百万円の現金。きょうだい（相続人）が多い場合、どのように分けるべきか頭を抱えている方は多いのではないでしょうか。

みんなの声
●残されたのは実家と現金。きょうだいで現金を取り合うことになりそう

例えば、姉が評価額5000万円相当の自宅を相続し、弟が数百万円の現金をもらうと弟に不公平感が募ります。相続人同士の仲が悪くなく、簡単な協議の上で合意が取れれば問題はありません。でも、そうではない場合「なんだかズルい」「自宅はいらないでしょう」「現金が欲しい」「いや自宅のある場所は今後地価上昇が見込めるはずだ」「大事な思い出が詰まった実家を売るなんて言語道断」等々、各自で思っていることを言い合うとキリがありません。

相続人が親しい2人きょうだいではなく、5人、6人と多かったり、いきなり見知らぬ相続人がいることがわかったり（P82〜83）すると、話をまとめるのに難儀します。特に、「自宅＋少しの現金」のパターンは多く、もめる原因になるようです。こうした場合は結論を急がないほうがよいでしょう。いったん誰かが相続しておき、あとで調整するなどの方法もあります。

これって何？

評価額
株式や不動産など価値が変動するものを、時価で評価したときの価格のこと。税金の算出基準となる。

遺産が「自宅と少しの現金」の場合
分け方 早わかりチャート

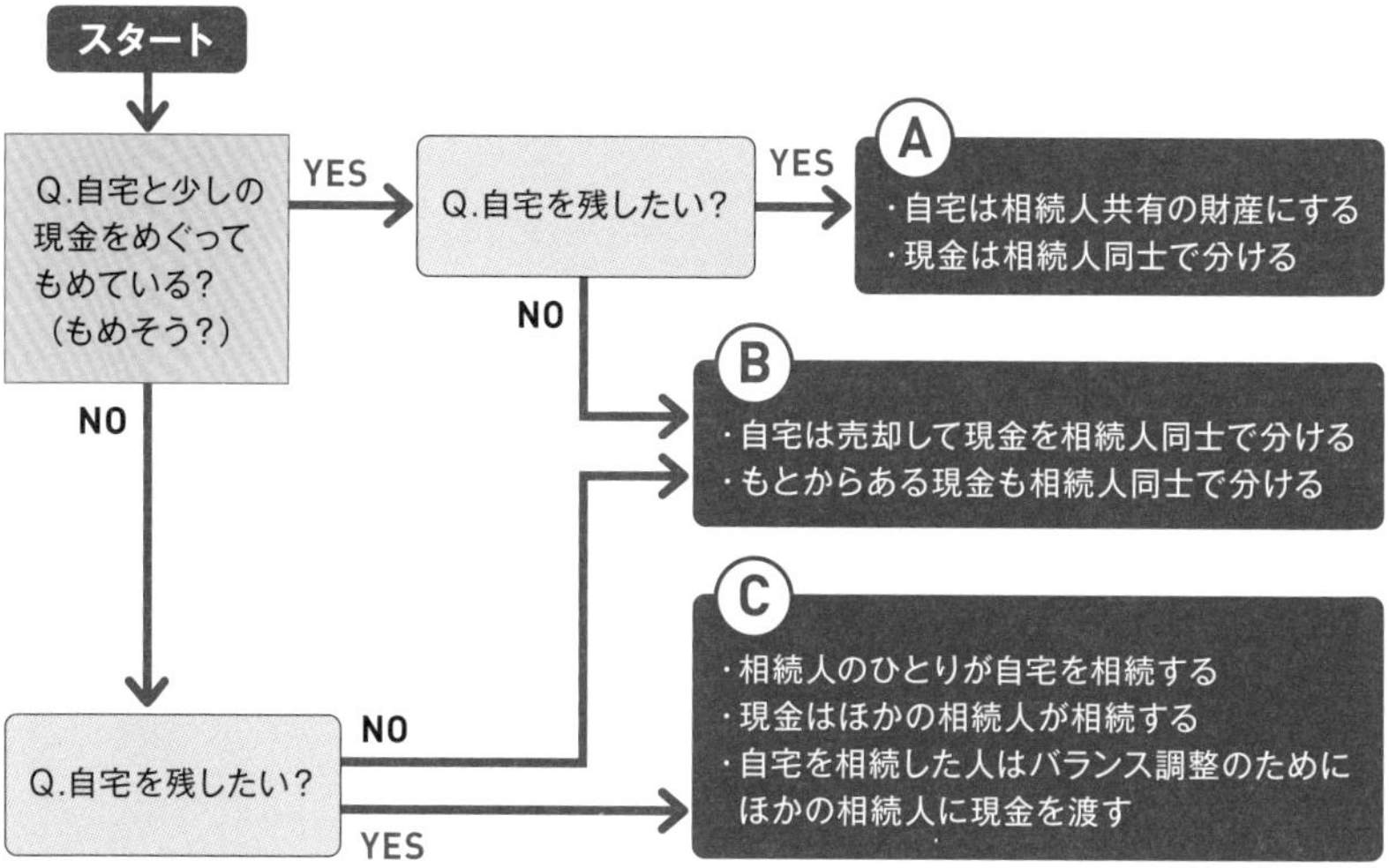
スタート
Q.自宅と少しの現金をめぐってもめている？（もめそう？）
YES
Q.自宅を残したい？
YES
A
・自宅は相続人共有の財産にする
・現金は相続人同士で分ける
NO
B
・自宅は売却して現金を相続人同士で分ける
・もとからある現金も相続人同士で分ける
NO
Q.自宅を残したい？
NO
YES
C
・相続人のひとりが自宅を相続する
・現金はほかの相続人が相続する
・自宅を相続した人はバランス調整のためにほかの相続人に現金を渡す

モデルケース

評価額1億円相当の自宅と200万円の現金を2人（X、Y）の相続人で分ける場合

Ⓐ 自宅をXとYの共有名義にし、現金はX・Yともに100万円ずつ相続する。

Ⓑ 自宅を売却し1億200万円をXとYで分けて、
X・Yともに5100万円ずつ相続する。

Ⓒ 自宅はXが相続、現金はYが全て相続する場合は
XからYへ4900万円の代償金を支払う。
自宅はXが相続、現金はXとYで100万円ずつ相続する場合は
XからYへ5000万円の代償金を支払う。

〈もめている〉なら、共有または売却

相続人の間で高額な自宅＋わずかな現金を分けるとき、仮にもめている（もめそう）ならば、次の２つの選択肢を検討しましょう。

（１）**もめている＋自宅は残したい**　自宅を相続人共有の財産にして、現金は相続人同士で分ける

（２）**もめている＋自宅は残さなくてよい**　自宅は売却。お金にして、もとからある現金とともに分ける

もめている場合でも相続の手続きは進めなくてはいけません。その際、自宅をいったんどうするかを暫定的に決めてしまうのも手です。（１）（２）いずれの場合もメリット・デメリットがあります。よく整理して検討をしてみてください。

みんなの声

- 実家には思い入れはあるけれど、維持費が負担になりそうで、相続するべきか悩んでいる

〈もめている〉場合の選択肢

希望する選択肢	相続時に取る手段	メリット	デメリット
① **もめている ＋ 自宅は残したい**	自宅を相続人共有の財産にして、現金は相続人同士で分ける	自宅をどうするか悩むとき、ひとまず結論を先延ばしにできる	将来的に自宅を売却するとき、再びもめる可能性がある
② **もめている ＋ 自宅は 残さなくてよい**	自宅は売却。お金にして、もとからある現金とともに分ける	自宅が売れれば全員が現金を手にすることができる	自宅がいつ、いくらで売れるかわからない（売れるとは限らない）

〈もめていない〉なら、代償分割または売却

相続人間の関係が良好で、高額な自宅＋わずかな現金を分けるとき、もめていない（もめそうにない）ならば、次の2つの選択肢を考えてみてください。

（1）**もめていない＋自宅は残したい**　相続人のひとりが自宅を相続し、現金はほかの相続人が相続する。自宅を相続した人はバランス調整のために、ほかの相続人に現金を渡す（代償分割／P110）。

（2）**もめていない＋自宅は残さなくてよい**　自宅は売却。お金にして、もとからある現金とともに分ける。

どちらかというと、（1）のケースのほうがスムーズです。（2）の場合、必ずしも自宅が売れるとは限らないためです。

代償分割はスムーズに不公平感を解消できる

不動産を誰かひとりが相続し、残りの相続人に現金を渡す義務を負う方法を「代償分割」といいます。不動産を相続しなかった人に「代償金」という名目の現金を払うことで、相続する財産の額を均一にならす方法です。自宅や土地などの不動産は現金とは違って、複数の相続人で分けにくく、評価額が高かったり、不動産価格の上昇が見込めたりするときは取り合いになりがちです。特に、不動産のほかに（現金など）相続できる財産が少ない場合はもめてしまうことが多いようです。**代償分割なら不動産を相続できない人もお金を手にするので、不公平感を解消できます**。代償金の決め方にルールはありません。そのため、代償金を払う人は相手に納得してもらえる現金を用意しないといけません。話し合いが進まないときは、不動産相続に強い司法書士などの専門家のアドバイスをもらいましょう。

〈もめていない〉場合の選択肢

希望する選択肢	相続時に取る手段	メリット	デメリット
① **もめていない** **＋** **自宅は残したい**	相続人のひとりが自宅を相続し、現金はほかの相続人が相続する。その後、自宅を相続した人が代償金を払って、金額のバランスをとる	自宅が残る。不平等感を解消しやすい。不動産が売れる・売れないで気をもまないで済む	代償金を払う人は現金を用意しなくてはいけない（例）不動産を時価で算出し、法定相続分に足りていない分を現金で払う
② **もめていない** **＋** **自宅は** **残さなくてよい**	自宅は売却。お金にしてもとからある現金とともに分ける	自宅が売れれば全員が現金を手にすることができる	自宅がいつ、いくらで売れるかわからない（売れるとは限らない）

代償分割の例

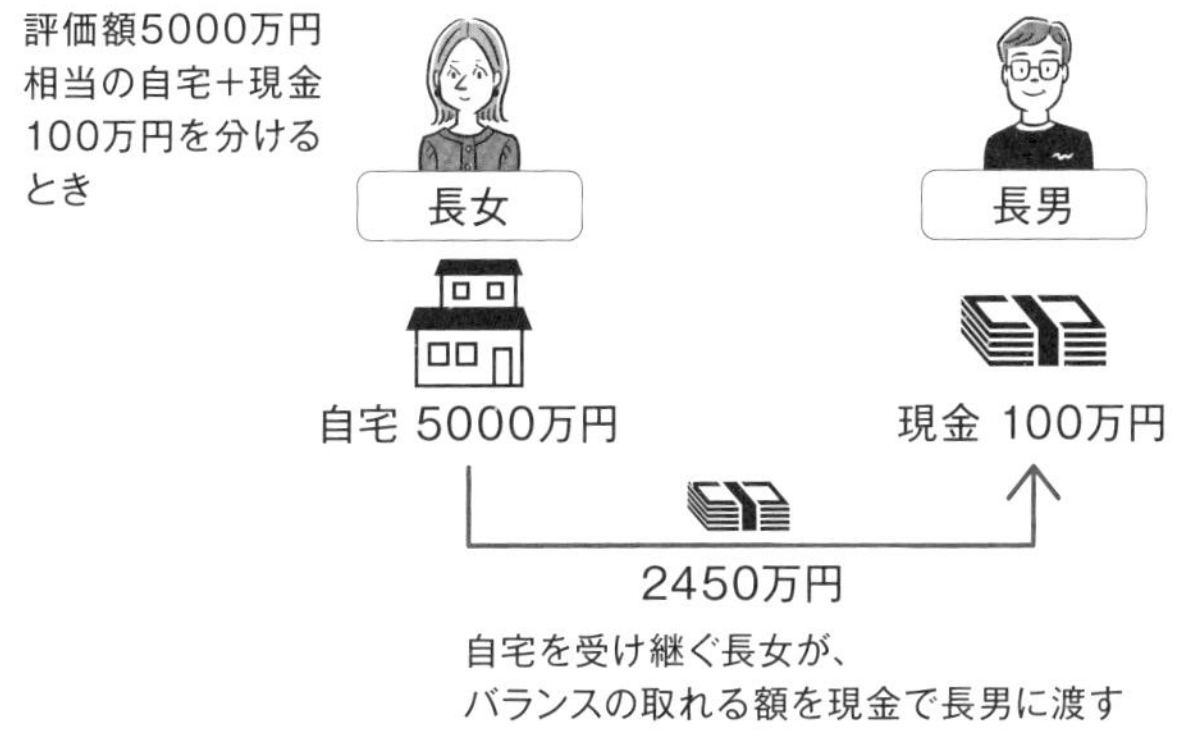

知りたいポイント㉓

不動産を相続するときの注意点を知りたい

answer

相続財産の名義人をまず確認。不動産相続の法改正にも注目を

名義人が昔のままだと相続時に苦労する

不動産を相続する際は、その不動産の所有者の名義（所有名義）を早めに確認しておきましょう。親の不動産をいざ相続するとなったときによく確認してみると「地方の山林の所有権が祖父の名義の

ままだった」「そもそも誰の土地か不明」といったことがあります。

こういった場合、次のような事態が生じます。

(1) 元の名義人から相続し、名義変更・不動産登記をしなくてはいけない

(2) 期限までに不動産登記ができないと、10万円以下の過料が科される

本来は不動産の所有者の名義が必ず登記されているものです。土地の場所や面積、所有者の名前などが登録され、公開されていますが、相続の際は「戸籍謄本」や「遺産分割協議書」など必要な書類を集めて、相続人の名義に変更する必要があります。

仮に、親からの相続でない場合は元の名義人を探し出し、その名義人全員から相続の許可を取得しなくてはいけません。

みんなの声

●祖父の代からの土地が、名義変更もせず放置されているけど、どうなるんだろう……

みんなの声
●空き家をそのままにしているけど、問題はないのかな

不動産登記の義務化が始まる

これまで不動産登記は義務ではありませんでした。昔の名義人のままでも問題が生じるようなことはなく、現在もそのままになっているケースがよくあります。しかし2024年4月1日から不動産の登記の義務化が始まります。

〈改正法のポイント〉
●**相続時の登記の期限**　相続の開始及び相続で不動産取得を知った日から3年以内
●**登記先**　不動産のある地域を管轄する法務局
●**期限を過ぎると**　10万円以下の過料が科される場合あり

不動産を相続予定の人は今のうちに登記簿の確認を急ぎましょう。

所有者が昔のままの相続・不動産登記は手間がかかる

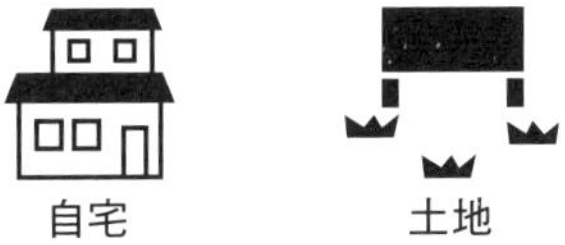

！ 名義人が誰なのか早めに確認をする

（例）自宅と土地の名義がすでに亡くなっている祖父のままだった場合

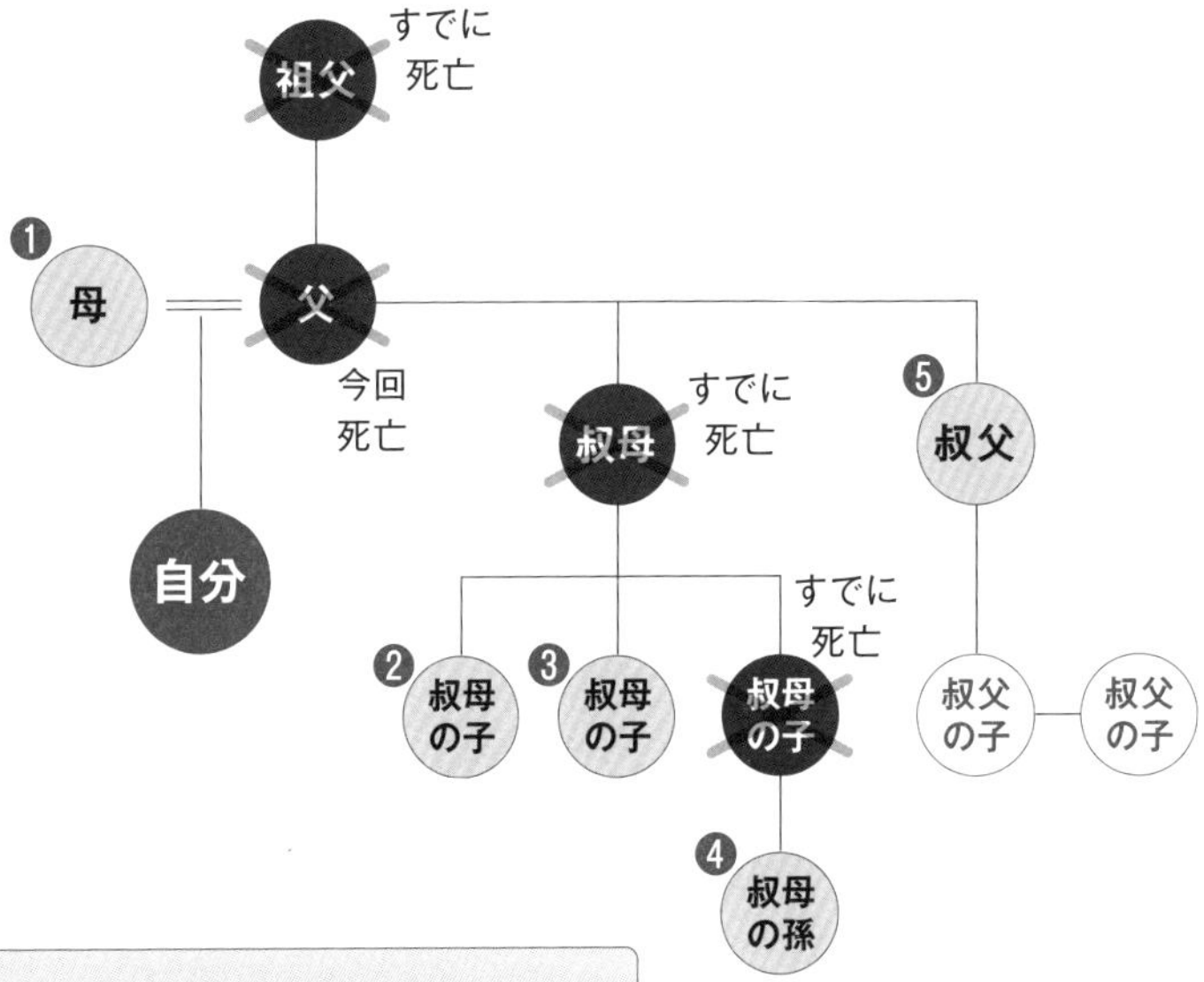

自宅と土地を自分が相続するとき

祖父の相続人である❶～❺全員の同意を得て遺産分割協議書に署名捺印をしてもらう

※相続人が多いときや遠方に在住のときなどは、署名・捺印した書類をもらうのに時間がかかるケースもあるので目安として2～3カ月は見ておくとよい

↓

遺産分割協議書ほか必要な書類を持って法務局へ行き、名義変更をする

！ ❶～❺から高額な金銭など不当な要求をされたときは
- 家庭裁判所で調停をする
- 弁護士に相談をする

まとめ

第3章

よくあるトラブルからＱ＆Ａで相続を学ぼう

- 遺産は相続人と被相続人のこれまでの関係や実情に合わせて配分し、不公平感をなくすとよい
- 不仲・絶縁の関係でも、相続する権利がある人には必ず遺産相続の連絡をしなくてはいけない
- 戸籍をたどって相続人が誰なのか調査をしていると意外な相続人が登場することがある
- 遺産を分けてくれない・相続でトラブルになりそうなときは冷静に対応し、弁護士を頼る
- 相続人も被相続人も困らないよう、家族信託などで財産管理をして、認知症に向けた対策をしよう
- 義理の両親・祖父母を介護しても相続する権利はないので遺産をもらうなら早めに弁護士へ相談を
- 不動産と少しの現金があるケースはもめやすいので分割の方法を考えておく
- 不動産を相続するなら正しく登記ができるよう早めに名義人を確認する

第4章

相続税、実際のところ どれくらいかかる？

うちの税続税って、どれくらいなんだろう……
皆様が悩むポイントが相続税の計算方法です
難しい！ けれど一つ一つ解決していきましょう
?
?

知りたいポイント㉔

相続税とは何か？ 相続税の仕組みを知りたい

answer

遺産を相続した人にかかる税金のこと。いくら払うのか計算のうえ申告・納税する

相続税を払う人は全体の10％程度とみられている

相続税は一定額以上の財産を相続する人に課税される仕組みです。相続財産が多いほど税率が高くなります（累進課税制度）。相続税を払うのは相続した人（相続人）、及び遺贈を受けた人（受贈者）です。

みんなの声

●そもそも相続税とはどんな税？　相続で家を手放す人もいると聞くけど……

親の死亡から相続税を納めるまでの主な流れ

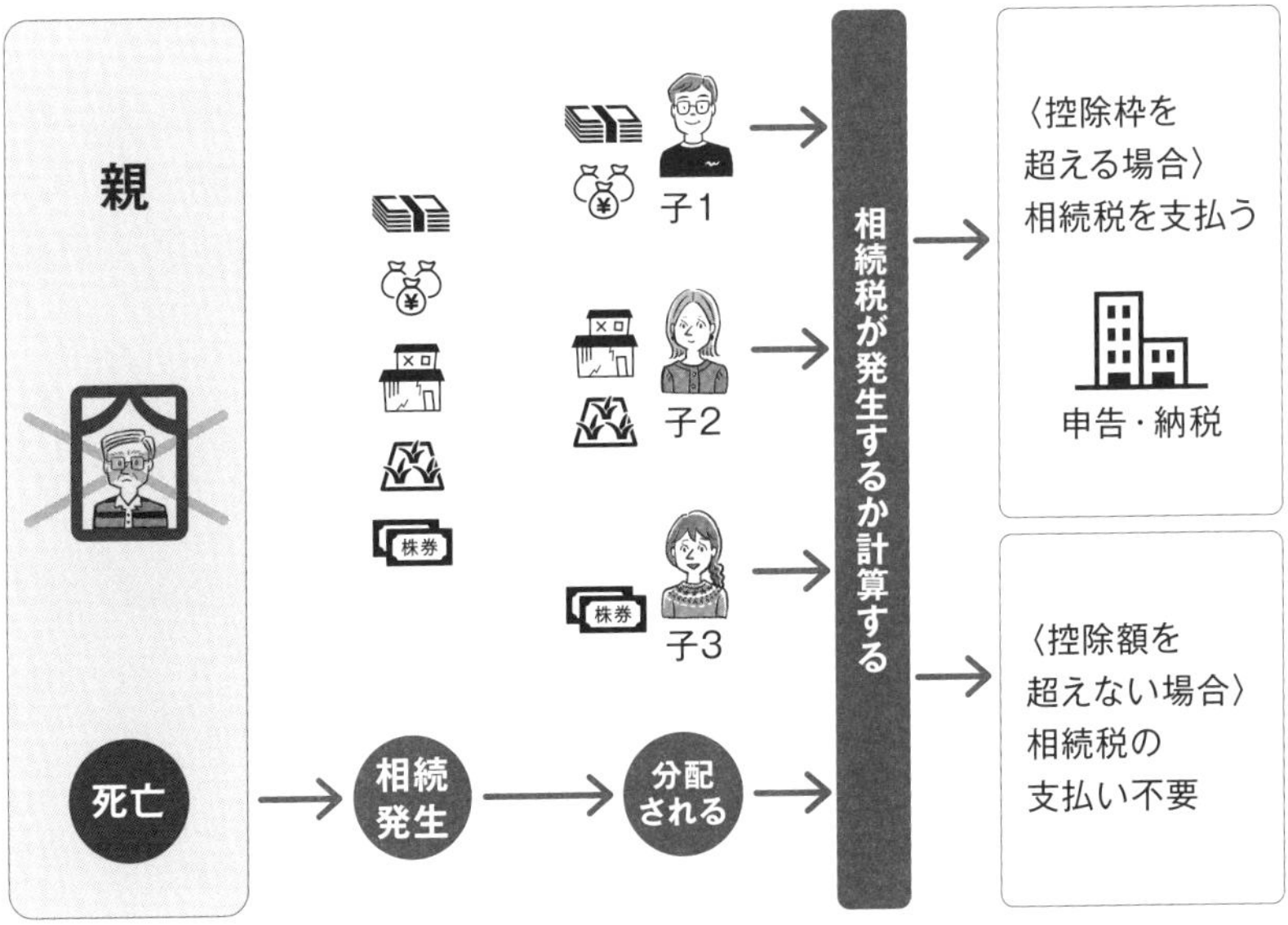

これって何？

累進課税制度

一定の基準を超えるにつれて税率が高くなっていく制度。相続税・所得税・贈与税に採用されている。

知りたいポイント㉕

自分が相続するとき相続税がどれくらいかかるのか不安

answer

控除枠に収まれば課税なし。前もって試算ができるとよい

ざっくりと計算をしてみよう

親が亡くなってから慌てて相続税を計算し、思った以上に課税されそうだとわかった段階で専門家の元に駆け込むケースがあります。相続税は10カ月以内に納税しなくてはいけないため、時間のない中

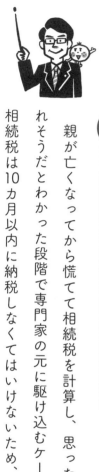

で節税をしたいとなるとかなり難しくなってしまいます。

なるべくなら早いうちに相続税がどれくらい課されそうか計算できるとよいでしょう。

相続する金額が一定の控除枠内に収まれば、相続税を払う必要はありません。もし、思ったよりも相続税がかかりそうだとわかれば、早めに節税対策へと移ることができます。

みんなの声
●相続税には控除があると聞いたけど、自分は控除してもらえるのかなぁ……

〈相続税の試算方法〉
●税理士などの専門家に依頼する
●自分で計算をする

原則として相続する財産が、「**3000万円**＋（**600万円**×**法定相続人の数**）」以下であれば相続税の基礎控除額に収まります。その場合は相続税の申告・納税は不要です。

相続税を算出するときのステップ

計算方法

① 課税対象となる遺産の額を把握する※1

② ①から**基礎控除**を引く
課税対象の遺産額－**3000万円＋（600万円×法定相続人の数）**

③ ひとまず法定相続分で②の額を割りふる
（法定相続分について詳しくはP38へ）

④ ③で割りふられた額に対し**税率**をかけて**控除額**を引く
（税率と控除額についてはP124へ）

⑤ ④の額を合算して家族全体の相続税を算出し、
実際に相続する割合に応じて④を割りふる※2

※1　遺産とはP24のプラスの財産に加えて、相続税がかかる生命保険金などのみなし相続財産（P103）のこと。死亡から一定の期間内に行われた暦年贈与分の金額（P142）、相続時精算課税制度を使って贈与された金額（P146）も遺産として加える。非課税財産（墓地や仏壇など）や被相続人の債務や葬式費用などは差し引かれる。
※2　配偶者であれば配偶者が相続する額が1億6000万円もしくは法定相続分までは非課税になる特例（配偶者の税額軽減）などを活用すると相続税は軽減される。

！ 相続税を支払うことになりそうな場合は
必ず税理士へ相談しましょう。
※市区町村の無料相談も利用できるなら検討してみましょう

相続税を計算するときの考え方
〈配偶者と子供2人が相続するときの例〉

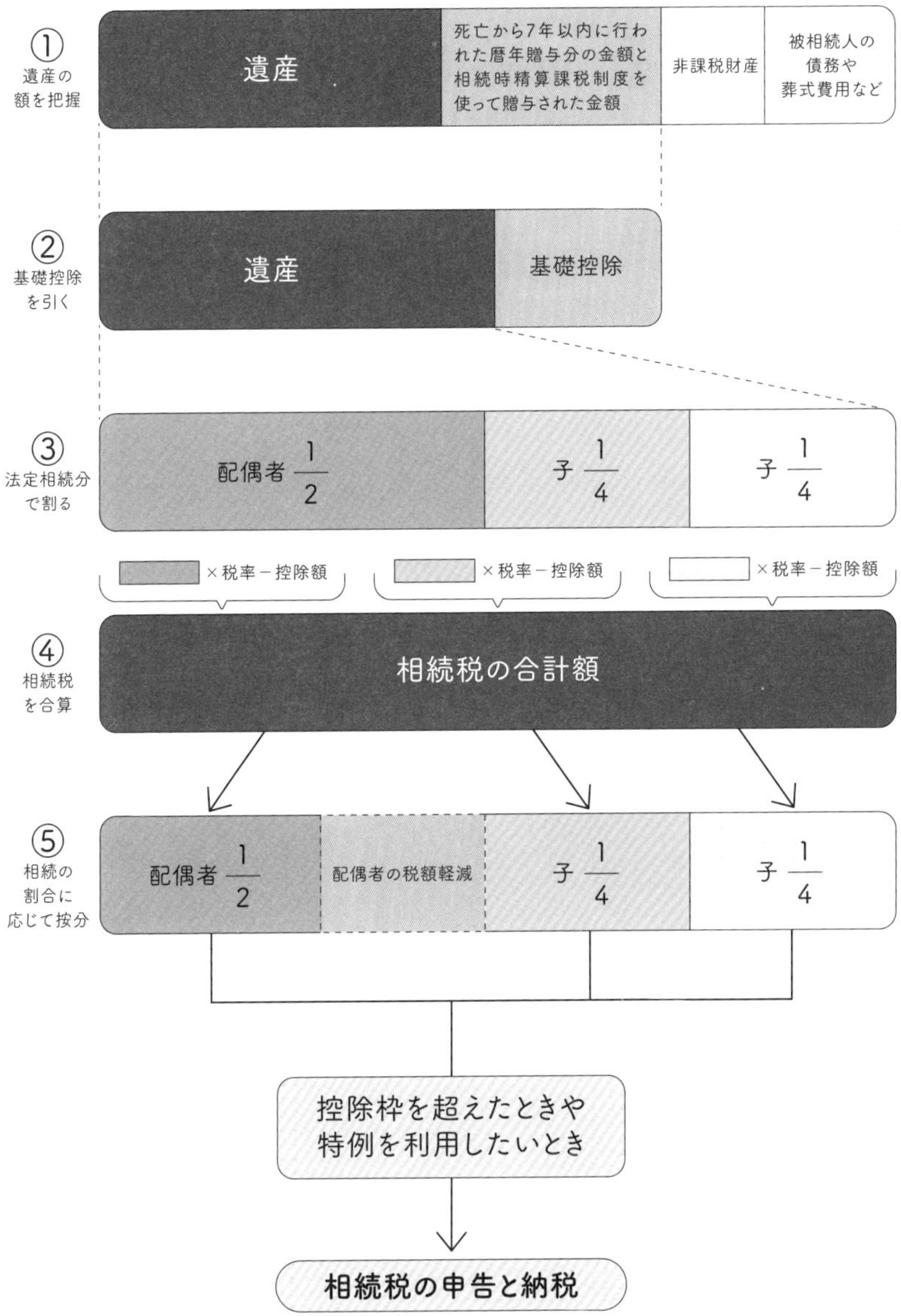

みんなの声
●税理士の先生にいきなり頼む前に、
自分で相続税を計算してみたい

相続税の税率と控除額

法定相続分に応ずる取得金額（P123③で算出した額）	税率	控除額
1000万円以下	10%	−
1000万円超から3000万円以下	15%	50万円
3000万円超から5000万円以下	20%	200万円
5000万円超から1億円以下	30%	700万円
1億円超から2億円以下	40%	1700万円
2億円超から3億円以下	45%	2700万円
3億円超から6億円以下	50%	4200万円
6億円超	55%	7200万円

参考：国税庁No.4155　相続税の税率
（https://www.nta.go.jp/taxes/shiraberu/taxanswer/sozoku/4155.htm）

相続税はいくらかかる？　計算例

ケース　法定相続人は配偶者・長女・長男の3人の場合

① 課税対象となる遺産の額を把握する

2億円（財産合計 2億4800万円－基礎控除 4800万円）

② ひとまず法定相続分で①の額を割りふる

1/2	1/4	1/4
配偶者 1億円	長女 5000万円	長男 5000万円

③ ②で割りふられた額に対し税率をかけて控除分を引く

配偶者	長女	長男
1億円×30％－700万円 =2300万円	5000万円×20％－200万円 =800万円	5000万円×20％－200万円 =800万円

④ ③の額を合算して家族全体の相続税を算出する

2300万円＋800万円＋800万円＝3900万円

実際に相続する割合に応じて④を割りふる

※実際は配偶者が1億2400万円（2億4800万円の1/2）、長女が9920万円（2億4800万円の2/5）、長男が2480万円（2億4800万円の1/10）を相続した場合

3900万円

配偶者	長女	長男
1/2 1950万円 ※配偶者の税額軽減を適用すると0円	2/5 1560万円	1/10 390万円

↓

相続税を申告・納税

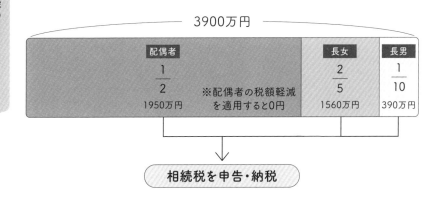

みんなの声
●タワマンを購入すると節税できると聞いたが法改正があったと知り、不安

土地・建物はいくらになるのか試算をする

故人の所有していた土地・建物など現金以外の財産は、お金で換算するといくらになるのかという「評価額」を算出して計上します。

●土地……固定資産税評価明細書に記載されている「評価額」を1・14倍すると相続税の評価額に近しい数値となる
●建物……固定資産税の評価額をそのまま用いる

また「相続税路線価×面積」で計算をすると、さらに正確に算出できます。相続税路線価は国税庁HPもしくは全国地価マップなどで確認ができるため、面積さえ把握できれば、こちらの方法も比較的容易です。逆に、公示価格や不動産鑑定士の鑑定額などは、相続税評価額とは乖離《かいり》してしまう可能性がある点に注意が必要です。

みんなの声
●特別なお金持ちではない自分の家には相続税はかからないと思っているが……

「相続税がかかりやすい」チェックポイント

「こんな場合は相続税がかかりやすい」という傾向を紹介します。該当する人は念のため確認をしましょう。

●東京23区や、地方大都市に一軒家を持っている
●相続人の数が少ない
●数千万円以上の退職金をもらっていて、財産としてまだ残っている
●過去に相続税を申告するほどの財産を相続している（財産が手元に残っている場合は、今回も相続税が発生する可能性がある）
●不動産や配当などの収入はあるが、年金だけで生活をしている（年金以外の収入が蓄積してある状態）

これって何？
タワーマンションの相続
相続時に評価額が4割程度まで下がるため、タワマンを相続して大きな節税効果をねらう「タワマン節税」が流行。しかし法改正により2024年よりタワマンの評価額は6割が目安に。

相続税の計算例
都市部に一軒家を持っている人が亡くなった場合

【ケース】
被相続人：父
相続人：母、長男、長女
状況：父と母は一緒に暮らしていたが、長男、長女は別居
財産：土地8000万円、建物1000万円、預貯金2000万円
分割のしかた：土地と建物（自宅）は母で、預貯金は長男と長女で半分ずつ

【試算結果】
今回のケースでは相続税は誰にも発生しない

【ポイント】
財産の合計額は1億円超となるが、土地については、
「小規模宅地等の特例」という制度を適用できるので、評価額が下がる

小規模宅地等の特例とは？
相続時に土地の評価額を80％引き（330㎡まで）できる制度
※亡くなった人が住んでいた自宅敷地であることなど、
適用には条件があり、申請しないと適用されないので注意

財産の合計額は基礎控除額の4800万円【3000万円＋（600万円×3人）】以下になる。

●土　地：8000万円－8000万円×80％＝1600万円
●建　物：1000万円
●預貯金：2000万円
○財産額合計：4600万円＜4800万円（基礎控除）

このため、今回のケースでは相続税は誰にも発生しない。

相続税の計算例
都市部にタワーマンションを持っている人が亡くなった場合

【ケース】
被相続人：母
相続人：父、長男、長女
状況：父と母は一緒に暮らしているが、長男、長女は別居
財産：タワーマンションの売買価格9000万円
　　（建物部分50%、土地部分50％）、預貯金1000万円
分割のしかた：タワーマンションは父、預貯金は長男200万円、長女800万円

【試算結果】 ※右記参考サイトにて試算可能。
詳細な計算は専門家と相談のうえ行いましょう
父の相続税は60万6400円だが、配偶者控除により0円
長男の相続税は2万6700円、長女の相続税は10万6800円

●国税庁 相続税の申告要否判定コーナー

【ポイント】
①マンションの敷地の評価額の法改正が行われて評価額が上昇
②相続税には手厚い配偶者の税額軽減がある

①令和6年よりマンション評価の改正法が適用される
売買価格の6割ほどを目途として、マンションの敷地の評価額とするように
（これによりいわゆる「タワマン節税」ができなくなった）
※必ずしも6割となるわけではないため専門家へ相談を

②配偶者の税額軽減が適用される
配偶者の相続した財産については、1億6000万円まで、
または法定相続分までは相続税を0円にするという特例制度
※申請をしないと適用されず課税されてしまうこともあるので注意

マンション価格9000万円のうち、土地部分4500万円を6割にした金額である、2700万円を土地の評価額と仮定。基礎控除は4800万円【3000万円＋（600万円×3人）】になる。

財産の合計額は、
●土　地：4500万円×60%＝2700万円
　　　　　2700万円－2700万円×80%＝540万円
●建　物：4000万円（固定資産税の評価額）
●預貯金：1000万円
○合計額：5540万円＞4800万円（基礎控除）

基礎控除の4800万円に収まらないため相続税が発生する。

相続税の計算例
地方に一軒家と車を持っている人が亡くなった場合

【ケース】
被相続人：父
相続人：母、長女、次女、長男、次男
状況：父と母と長男は一緒に暮らしているが、長女、次女、次男は別居
財産：土地2000万円、建物200万円、預貯金4000万円、
　　車両（普通車）120万円
分割のしかた：土地と建物（自宅）は母。預貯金は長男、長女、次女、次男で同じ額になるように分ける。故人の車は誰も使用しないので売却または廃車にしたい。

【試算結果】
今回のケースでは相続税は誰にも発生しない

【ポイント】
故人の車両も相続財産に計上しなくてはいけない

普通車は被相続人の名義のままでは売却も廃車も不可
※普通車は相続財産のため、いったん誰かが相続後に名義変更をしてから売却または廃車の手続きをする

財産の合計額は基礎控除額の6000万円【3000万円＋（600万円×5人）】以下になる。

財産額の合計は、
●土地：2000万円－2000万円×80%＝400万円
（「小規模宅地等の特例」により80％引きになる）
●建物：200万円
●預貯金：4000万円
●車：120万円
○財産合計：4720万円＜6000万円（基礎控除）

このため、今回のケースでは相続税は誰にも発生しない。

相続税の計算例
地方にマンションと車を持っている人が亡くなった場合

【ケース】
被相続人：父
相続人：長女
状況：母はすでに他界、父はひとりで暮らしていて、長女は別居
財産：マンションの売買価格2000万円（建物部分50%、土地部分50％）、
　　　預貯金2000万円、車両（普通車）200万円
分割のしかた：長女がすべて相続する（長女は自身の持ち家に居住しているので小規模宅地等の特例は適用不可）

【試算結果】 ※右記参考サイトにて試算可能。
詳細な計算は専門家と相談のうえ行いましょう
長女の相続税10万円が発生する

●国税庁 相続税の
申告要否判定コーナー

【ポイント】
地方のマンションの場合、都心に比べて、
売買価格と相続税評価額の差は小さくなる傾向あり

売買価格の8割ほどを目途として、
マンションの敷地の評価額とする
※地方のマンションは都心に比べて売買価格と相続税評価額の差は小さくなる傾向にあるため、8割ほどで評価される
※必ずしも8割となるわけではないため専門家へ要相談

マンション価格2000万円のうち、土地部分1000万円を8割にした金額である、800万円を土地の評価額と仮定。
基礎控除は3600万円【3000万円＋（600万円×1人）】になる。

財産額の合計は、
●土地：1000万円×80%＝800万円
●建物：700万円(固定資産税の評価額)
●預貯金：2000万円
●車：200万円
○合計額：3700万円＞3600万円（基礎控除）

基礎控除の3600万円に収まらないため相続税が発生する。

知りたいポイント㉖

遺産分割後にタンス預金を発見。相続税を払う必要はある？

answer

遺産分割をやり直して相続税を再計算。必要ならば相続税を払わなくてはいけない

税務署から指摘をされる前に納税をしよう

遺産の分割をして相続税を申告・納税まで終わったあと、把握していなかった故人の財産が出てきてしまったときは、遺産分割のやり直しを行います。もちろんその際は改めて相続税を計算して、必

みんなの声
●親戚から「隠し預金が出てきた」と聞いたが申告は必要なのか？

要な相続税も払わなくてはいけません。

ただし、相続税には時効という概念があります。申告・納税が必要な財産の存在を把握していなかったときは、本来の申告期限から5年で時効が成立します。しかし、当然ながら「時効成立まで払わなければいい」というわけではありません。税務署は人が亡くなるとあらゆる情報を収集し、故人の相続税を見積もったうえで申告・納税されるのを待っています。想定より納税額が少ないといったことがあれば、調査のうえ、相続人の元を訪れることもあります。

また仮に財産を故意に隠し、相続税を払わなかった場合、時効は7年に延長されます。さらにペナルティとして追加の税金も発生します。悪意がなかったとしても、正しく遺産を把握して相続税を申告・納税することはとても大切です。

「タンス預金があとから出てきてしまって困っている」という場合は税務署へ問い合わせ、指示を仰ぎましょう。

これって何？
タンス預金
タンスの中など、自宅で保管しているまとまった現金のこと。ここでは、ネット上の口座に入金されたままの“目に見えないお金”も含む。

知りたいポイント㉗

相続税の申告・納税期限までに間に合わないときはどうする？

answer

まずは仮申告・相続税の納付を。あとから修正すれば還付してもらえる

遺産の調査や分割に時間がかかってしまったときは

相続税の申告・納付の期限は10カ月です。間に合わないときはペナルティとして無申告加算税や延滞税が科されてしまいます。

もし「遺産の額を把握するのに時間がかかっている」「相続人同士の

みんなの声

●遺産相続の話し合いが進まず、期限に間に合わないが延滞税などはとられたくない

話し合いがまとまらずにいる」というようなことがあれば、可能な限り調査を行い、判明している財産だけで申告を行う方法をとります。

その後、新たな財産が判明した場合などは、適宜申告をやり直す流れになります。

もし、「遺産の額はわかっているが、相続人同士の話し合いがまとまらず、先に仮申告・納税もしたいけれど同意がとれない」というときは、いったん法定相続分で相続をしたと仮定して申告・納税というかたちにします。

「遺産分割もまとまり、話し合いは終わったけれども、納税するお金がない」というときは延納・物納もできます。ただ延納・物納が認められる条件は厳しく設定されています。

申告期限そのものは原則的には延長できません。間に合わない場合はどうするべきか、迷うときは専門家の助言を受けましょう。

まとめ

第4章

相続税、実際のところどれくらいかかる？

- 相続税の税率は一定ではなく、相続する遺産の額が高いほど、相続税も高くなっていく（最高55％）

- 相続税には控除額が設定されており、控除額内に収まれば払わなくてよい

- 相続税の控除額は【3000万円＋600万円×法定相続人の数】で決まる

- 相続税の納付後に把握していなかった遺産を発見してしまったら、その遺産を加えて分割をやり直し、必要に応じて相続税を追納する

- もし正確な遺産の総額が把握できず、相続税の申告・納税期限に間に合わなさそうであれば、仮で概算を申告して納税をしておくことができる

第5章

かしこい税対策「生前贈与」のポイント

相続税は高いと聞いたことがあるんですが……
生活費、教育費など、生前贈与を受けて節税する選択もありますよ
そんな方法があるんですね！

知りたいポイント㉘

相続税を節税したいが、どんな方法があるのか？

answer

今、持っている財産を減らすことから考えてみる

相続税をかしこく節税する3つの方法

相続税は、相続財産の額が大きいほど税率も高くなる仕組みになっていますが、この税負担を軽減するにはいくつかの方法があります。

確実に節税できるよう、早めに準備ができるとよいでしょう。

みんなの声
●相続税がかかりそうなので、具体的な対策方法があれば知りたい

〈節税の主な考え方〉
【レベル1】今ある資産を減らす
【レベル2】相続財産の評価額を下げる
【レベル3】税が軽くなる仕組みを利用する

お金の計算や事務の手間・手続きの煩雑さといった観点や、現在どれくらいの資産をどのようなかたちで所有しているのかによって、相続税を節税する考え方を3つのレベルに分けました。

最も手軽で、きちんと準備をすれば節税効果もそれなりにある【レベル1】からスタートさせるのがよいかもしれません。今のうちから資産を相続人に移して減らしておけば、相続時の財産も少なくなるので、相続税も軽くできるという考え方です。

【レベル別】相続税の主な節税方法

レベル	1	2	3
方法	今ある資産を減らす	相続財産の評価額を下げる	税が軽くなる仕組みを利用する
具体的なやり方	生前贈与	アパートやマンションを購入・経営する	養子縁組をする
こんな人におすすめ	若い人や多額の資産を持っていない人	現金や金融資産を持っている人	多額の資産を持っている人

みんなの声
●金融資産が多い場合はどのような方法で相続税の節税ができるのか

お金に弱い人でも大丈夫！

おすすめの節税方法

レベル1 今ある資産を減らす（主に金融資産を所有している人向け）

●相続財産をあらかじめ相続人などに渡して（贈与して）減らすことで課税される財産も減るので、節税になる

●贈与税がかからない方法を選択して、贈与税も節税する

〈贈与税を節税する方法〉

①暦年贈与（P142 ～）

②相続時精算課税制度（P146 ～）

③生活費、教育費を都度贈与する（P151）

④教育資金を一括で渡す（P152）

⑤結婚・育児資金を渡す（P153）

⑥孫に遺贈する（P154）

※レベル2（相続財産の評価額を下げる）・レベル3（税が軽くなる仕組みを利用する）を行う際は、税理士などの専門家へ相談を

知りたいポイント㉙

初心者でもやりやすい生前贈与の方法は？

answer

「暦年贈与」なら毎年お金を渡すだけ。新制度スタートで早めの贈与が効果あり

毎年110万円まで贈与しながら資産を減らす

暦年贈与という方法があります。これは、毎年毎年110万円までは非課税で贈与ができるという制度です。本来、贈与が行われると、受け取った人は贈与税を払わなくてはいけません。贈与された金額

みんなの声
●暦年贈与がポピュラーな生前贈与と聞いたので自分の親にも頼みたい

に応じて税金を申告し、納める必要があります。

しかし**暦年贈与の場合、年間110万円以下の贈与であれば贈与税がかからない仕組みになっています。**そのため贈与税を節約しつつ、生きている間に財産を減らすことができ、将来相続が発生する際の相続税の低減が見込めます。

●暦年贈与のしくみ　毎年1月1日から12月31日までに贈与される額が110万円の基礎控除以下の場合、贈与税はかからない

●やり方の例　親から子へ毎年110万円ずつ渡す

2023年の法改正により相続が発生する7年前までさかのぼり、贈与した金額を相続財産に加えられてしまう制度が2024年1月に始まりました（以前は3年前まで）。亡くなる7年前までの暦年贈与は節税効果が弱くなるので、早めに贈与を始めましょう。

これって何？

暦年贈与 令和5年の法改正

改正前は贈与税がかからない仕組みだったが、相続税の増税を目的に、制度の一部が変更された。

暦年贈与の基礎知識

●毎年110万円までの贈与なら贈与税がかからない
●贈与税を節約しつつ、相続財産を減らすことで相続税も軽減できる

（方法）毎年1月1日から12月31日までに110万円を渡す

【ポイント】

●受け取った人に贈与税がかかるため、両親から別々に受け取るときは合計額に注意。例えば、父から毎年100万円、母から20万円贈与された場合、120万円を受け取ることになり、110万円の基礎控除からはみ出た10万円の部分に贈与税がかかってしまう

●亡くなって相続が発生する3年前までに贈与した金額は相続財産に組み込まれていたが、2024年1月1日より、7年前までに段階的に変更される。これにより、2031年には亡くなる7年前までの贈与は、相続財産に加算されてしまう（「持ち戻し」という）

●暦年贈与の持ち戻しは「相続または遺贈により財産を取得した人」に対する贈与のみが対象。そのため、例えば相続によって財産を取得しない孫や、子供の配偶者などに対する贈与は、渡した時点で節税効果あり

【注意点】

●贈与する人と贈与される人で贈与の同意をしなくてはいけない（契約書を作れるとよい）

●渡したお金は、贈与される人の管理下に置くこと

●贈与したお金を振り込んだ通帳や届け印を、贈与される側の人の手元に置いておくこと

●例えば親が子の名義で口座を作成し、毎年110万円を振り込むだけで贈与した事実を知らせず、お金を本人の管理下に置かない状態だと、総額を一括で贈与したとみなされ、相続税が発生してしまう

●毎年同じ日に同じ額を渡す贈与契約をしてしまうと総額を一括で贈与したとみなされ、相続税が発生してしまうので、注意

●財産額が多い場合は、あえて110万円を超えた金額を贈与し、贈与税を払ってでも財産を移転したほうが良いケースもある。例えば贈与税を10万円払っても、将来の相続税が30万円減るような場合は、110万円を超える贈与にメリットがある

暦年贈与は相続開始前7年間の持ち戻しに変更された

暦年課税

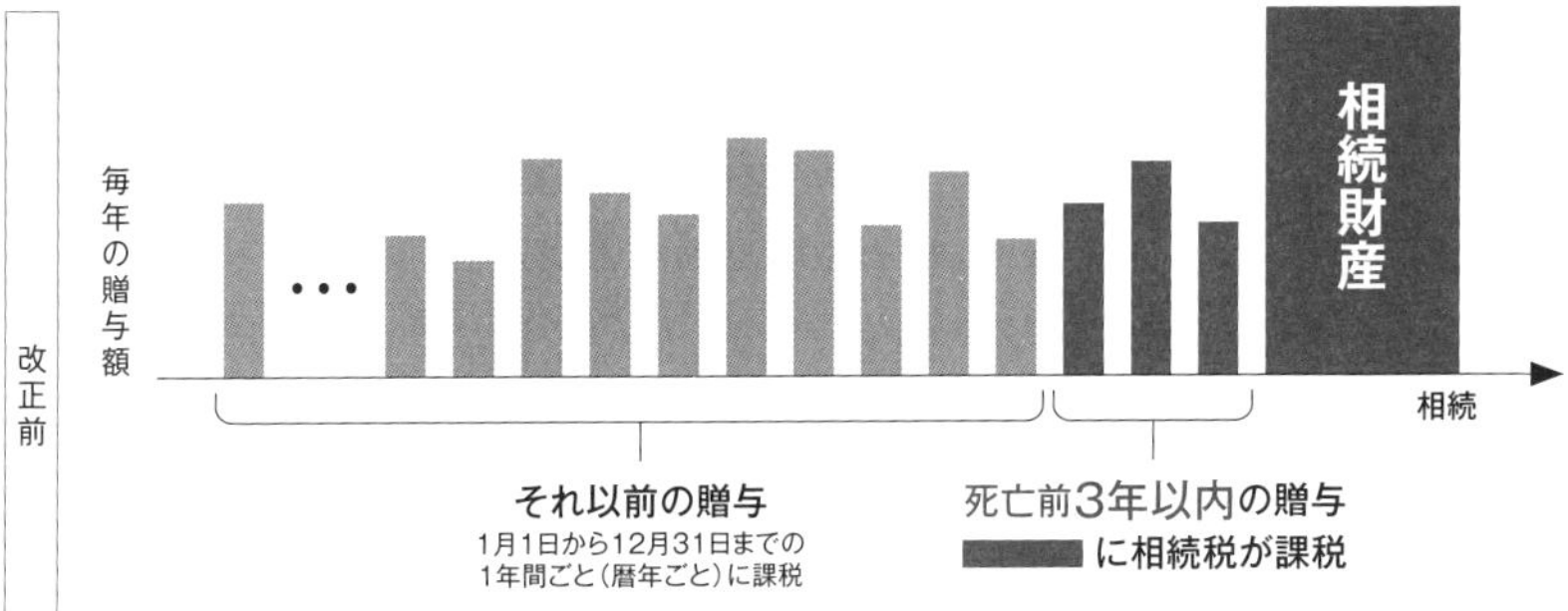

- 暦年ごとに贈与額に対し累進税率を適用する。基礎控除は110万円
- ただし、相続時には、死亡前3年以内の贈与額を相続財産に加算して相続税を課税（納付済みの贈与税は税額控除）

2024年1月～

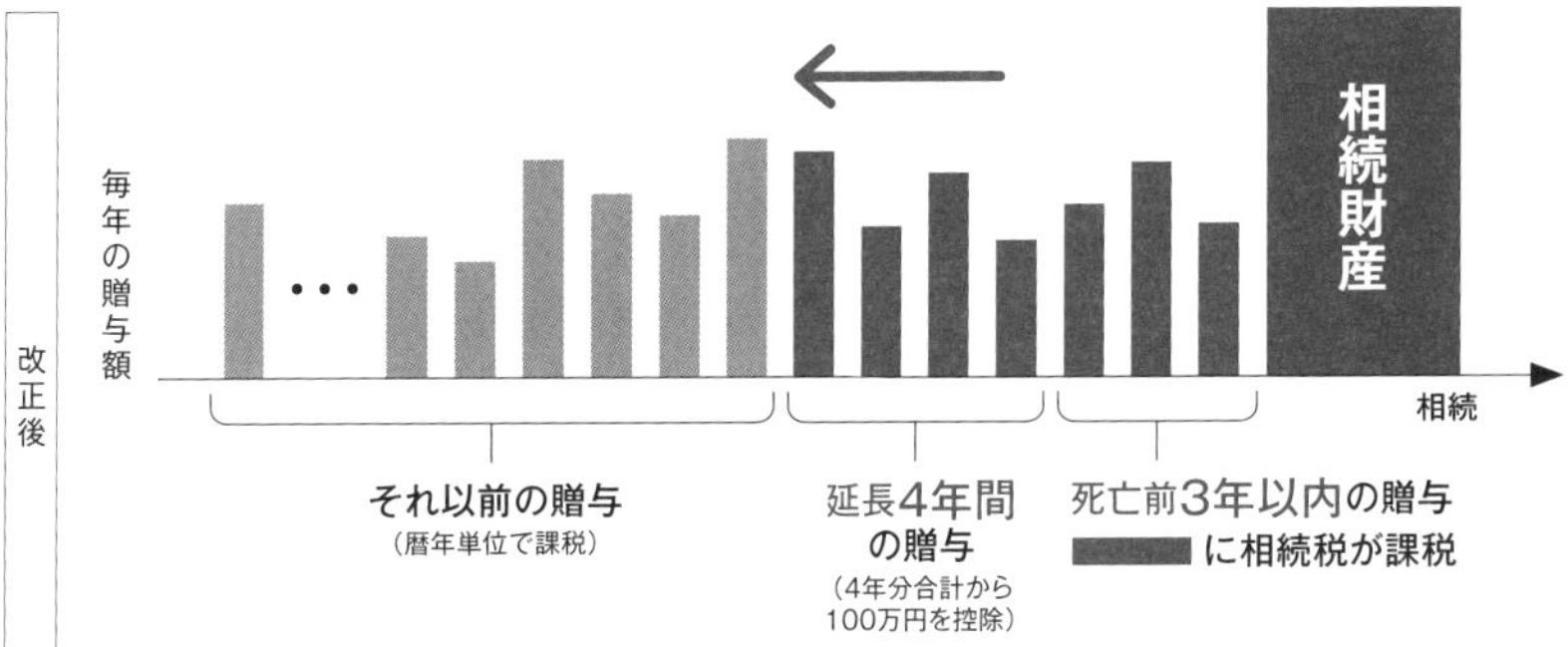

- 加算期間を7年間に延長（2024年1月以降の贈与のみ）
- 延長4年間に受けた贈与については総額100万円まで相続財産に加算しない

参考：株式会社相続ステーション「税制改正後の贈与税（暦年贈与と相続時精算課税贈与と相続税）の関係イメージ図」（https://www.souzoku-rescue.net/seizen-setsuzei/seizen-zouyo/chiebukuro207/）をもとに作成

これって何？

持ち戻し

遺産を分けるとき、被相続人から生前受けた贈与があれば、それを相続財産に加えて算出し、相続人たちの間で公平をはかる制度のこと。

知りたいポイント㉚

「持ち戻し」の心配なく贈与したい。何かいい方法はある？

answer

「相続時精算課税制度」に新設された非課税枠を活用しよう

使いやすくなった相続時精算課税制度

遺産が多くなりそうなときや、気長に暦年贈与を続けられないというケースでは、特別控除として2500万円まで非課税で贈与できる「相続時精算課税制度」を活用する手もあります。

みんなの声
●ある程度まとまったお金があるときの節税方法はどうやる？

贈与した人が亡くなった際は、この制度を適用した贈与分も相続財産とみなされるため、必ずしも節税できるとは限りません。しかし相続税の算出にあたっては、贈与した段階での評価額が相続時に適用されます。将来的に値上がりしそうな資産（不動産や株など）を持っている場合は、この制度の利用を検討するとよいでしょう。

相続時精算課税制度を使うと、以降は暦年贈与ができない決まりがありますが、注目すべきは、2500万円の枠とは別に、毎年110万円の基礎控除枠が新設されたことです（2024年）。これにより、毎年110万円までの贈与が非課税になりました。暦年贈与と違って持ち戻しもありません。財産の額が大きすぎず、比較的、贈与を長期間継続できる場合に使いやすい制度です。

なお、孫への贈与については、遺贈や生命保険の受取りがなければ持ち戻しの対象にならないため、精算課税を適用しなくてよいという判断もできます。気になる方は税理士に相談してみましょう。

これって何？

相続時精算課税に関する改正

令和５年度の税制改正により、2024年1月以降に贈与で得た財産の贈与税について、年間110万円の基礎控除枠が加わった。

相続時精算課税制度の基礎知識

●総額2500万円以内なら何度分けて贈与しても贈与税はかからない（一度で2500万円贈与しても同じ）
●ただし相続時に生前贈与された額を相続遺産として持ち戻しをする（合算する）ため、相続遺産が増えてしまい相続税がかかる場合がある
●持ち戻しを行うときは贈与時の評価額で計算をする
●2500万円とは別枠で、毎年110万円以下なら非課税で贈与できる（2024年1月より）

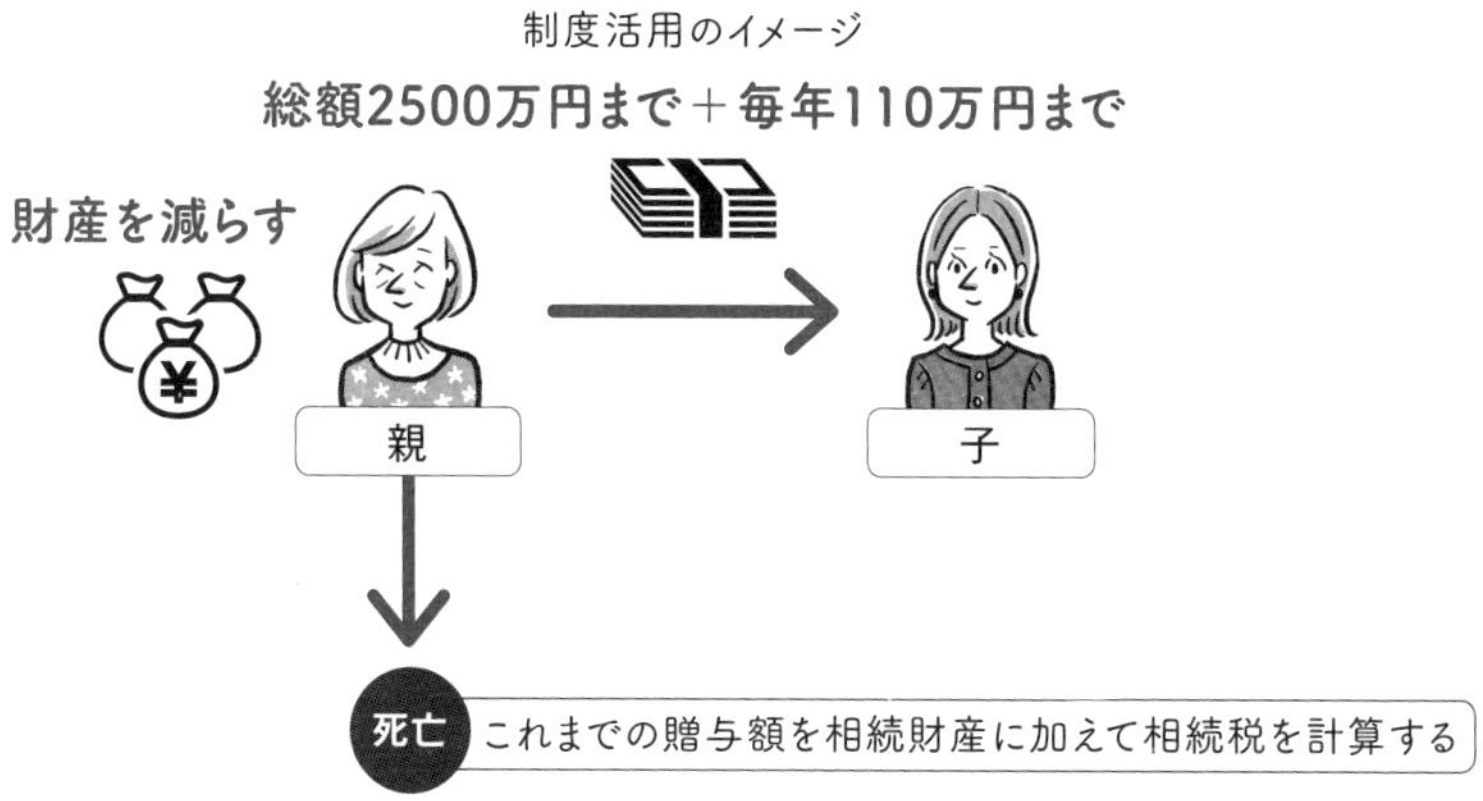

【ポイント】

●2500万円の枠内の贈与は少額でも申告する必要があるが、
毎年110万円までの基礎控除内の贈与であれば、贈与税の申告・納税は不要

●60歳以上の父母または祖父母から18歳以上の子・孫への贈与にのみ利用できる

【注意点】

●相続時精算課税制度を選ぶと以降、暦年贈与を利用できない

こんな人におすすめ

□相続発生まで（亡くなるまで）の時間が限られている人

□財産が多く、暦年贈与では節税効果が低い人

相続時精算課税制度は
年間110万円の基礎控除が加わった

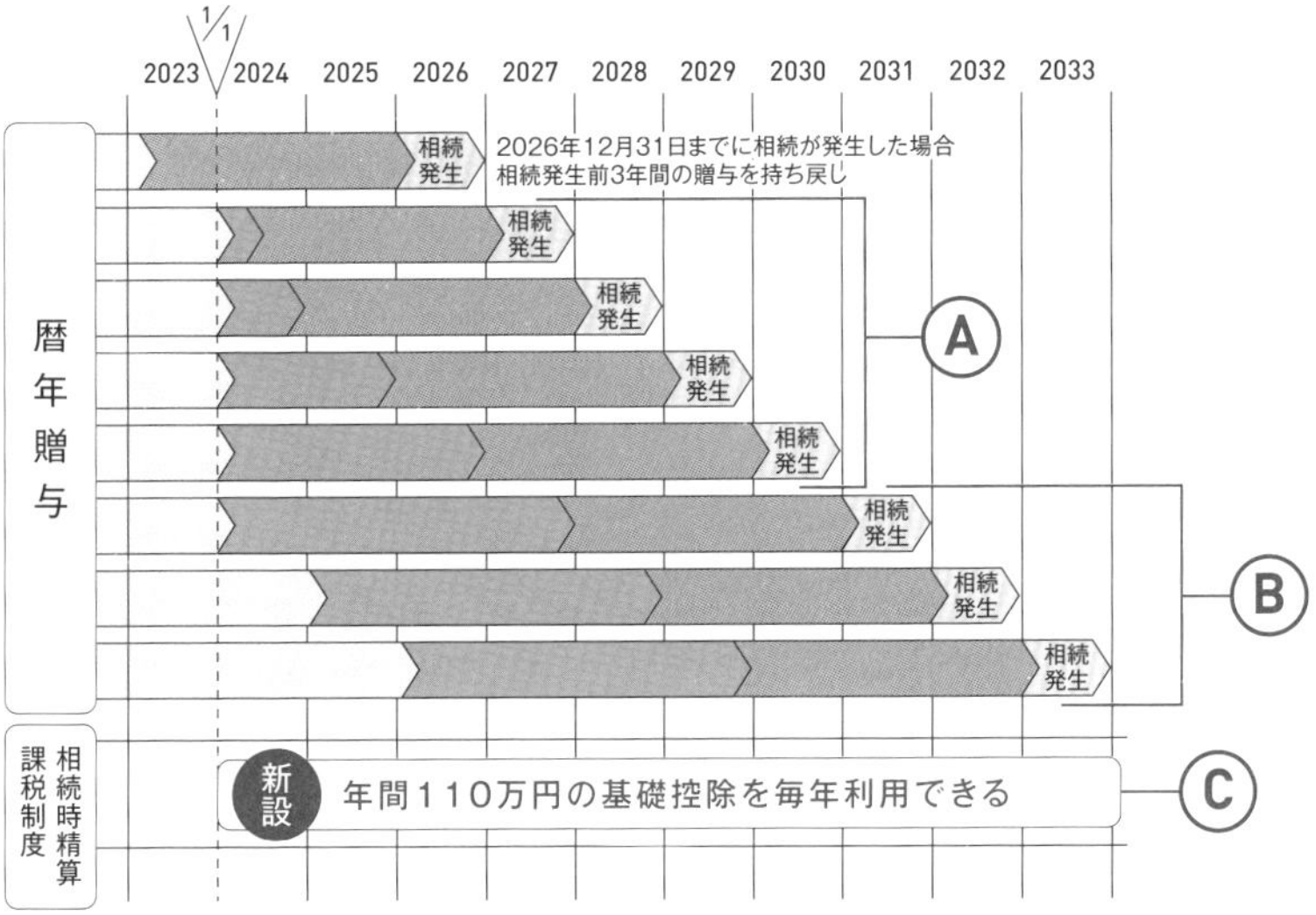

A 2027年1月1日から2030年12月31日までに相続が発生した場合

2024年1月1日から相続発生までの贈与を持ち戻し
ただし相続発生の3年前の日より前の贈与については合計で100万円分
の基礎控除がある（　　部分）

B 2031年1月1日以降に相続が発生した場合

相続発生前7年間の贈与を持ち戻し（合計7年分）
ただし相続発生の3年前の日より前の贈与については合計で100万円分
の基礎控除がある（　　部分）

C 生涯累計2500万円の特別控除に加えて年間110万円までの
基礎控除が新設された（毎年1月1日～12月31日）

2024年以降の贈与については……

●財産額が多い場合

暦年贈与を使って、多少贈与税を払っても
大きな金額（110万円を超える金額）を贈与していく

●財産額がそこまで多くない場合

相続時精算課税制度を適用し、毎年110万円を贈与する

という選択をする人が増えそうです。相続時精算課税制度の110万円の枠は、
暦年贈与のように持ち戻しはないので、渡した時点で節税効果が生まれるからです。

知りたいポイント㉛

もっと身近な方法で生前贈与はできないか？

answer

特例を知れば手軽な生前贈与ができる

生活に根付いた贈与で資産を減らしていく

暮らしの中で、比較的簡単にできる生前贈与の方法があります。節税として活用できるのはもちろん、生きている間に資産を引き継いで感謝の言葉を伝えることもできます。ぜひ、方法やポイントを覚えておきましょう。

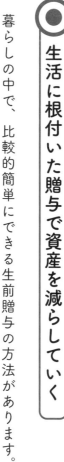

みんなの声
●日々の生活の中で贈与はできないのか知りたい
●普段あげているお小遣いは贈与になるのか

〈方法1〉生活費・教育費の贈与

父母または祖父母が子や孫へ生活費・教育費として贈与するお金は非課税です。方法は必要なたびに振り込みをするだけで、申告も不要です。ただし、一括で贈与すると課税対象になってしまいます。例えば、数年分の生活費をまとめて渡しておくなどすると、贈与とみなされてしまう可能性があります。都度振り込む際の上限額は、生活費・教育費の社会通念の範囲内であれば定めはありませんが、いくつか注意点があります。

〈ここがポイント〉

- **贈与したお金はすべて生活費・教育費に使いきる**
- **投資や貯金に回すと課税対象になるため注意をする**
- **専用口座を活用し、領収書は保管するなどして明確な管理をする**

〈方法2〉教育資金の一括贈与

教育費を一括で贈与する場合に、1人あたり1500万円まで非課税になる制度です。1500万円のうち500万円までは、学習塾やピアノ教室など習い事、制服代などにも活用できます。

教育資金の一括贈与が非課税となる特例制度の適用は2026年3月31日までです。

〈ここがポイント〉

- 金融機関に専用の口座を開設、使用予定の額を振り込む
- 教育機関へ教育資金を支払った場合には、領収書などの書類を金融機関の営業所などに提出する必要がある
- 教育資金を受け取った人が30歳に達するなど、一定の事情が生じた場合、使い切れていない金額に贈与税が発生することもある

これって何？

教育機関

教育資金の一括贈与で活用できる教育機関は、小・中・高校、大学、高等専門学校、盲学校、特別支援学校、幼稚園、保育園。ほか専修学校や自動車教習所、予備校なども含む。

〈方法3〉結婚・子育て資金の一括贈与

結婚や子育て資金を援助する際の贈与が非課税になる制度です。挙式代や転居代など結婚関連の費用は、300万円まで非課税となります。また、不妊治療や分娩費、幼稚園・保育園など出産と育児にまつわる費用は、1000万円までが非課税です。

〈ここがポイント〉

- **金融機関に結婚・子育て資金専用の口座を開設、使用予定の額を振り込む**
- **結婚や子育て資金、教育機関へ教育資金を支払った場合には、領収書などの書類を金融機関の営業所などに提出する必要がある**
- **贈与を受けられるのは18歳以上50歳未満の子・孫に限られ、残った分は課税されるため注意する**

みんなの声

●親も祖父母も健在で、生前贈与について切り出しにくいけど、損しないために言ってみようかな

〈方法4〉孫への贈与

P144〜145で紹介したように、相続時に「持ち戻し」が発生すると、亡くなる7年前までに行われた贈与は、節税対策として機能しないことになります。しかし、持ち戻しは相続または遺贈によって財産を受け取った人（相続人）のみに発生するので、相続人ではない孫への贈与を行ったときは、持ち戻しの心配は不要です。

ただし、生命保険金は持ち戻しされます。

〈ここがポイント〉

- **子が亡くなっている場合は代襲相続で孫が相続人となり、持ち戻しが行われるので注意**
- **相続や遺贈が行われると持ち戻しの対象に含まれるため、遺言書に遺贈の旨を記載しないようにしておく**

みんなの声
●自分がどんな方法で相続税を節税できるのか見当がつかない…

こんな人におすすめ　相続税を軽減する６つの方法

●暦年贈与

□被相続人が毎年コツコツと現金 110 万円を贈与できる

□相続発生まで（亡くなるまで）７年以上あると想定される

●相続時精算課税制度

□病気などの理由で相続発生まで（亡くなるまで）の時間が限られている

□将来値上がりする財産を所有する（相続税に持ち戻しされるのは「贈与時」の金額のため）

●生活費・教育費の贈与

□贈与するときに相続人とコミュニケーションを密にとれて都度振り込める

□まとまった資産の用意がない

●教育資金の一括贈与

□ 30 歳までに進学する予定がある子や孫がいる

□贈与するお金を子や孫の教育費に充てたい（充ててもらいたい）

●結婚・子育て資金の一括贈与

□ 18 歳以上 50 歳未満までの、結婚・子育てをする予定の子や孫がいる

□贈与したお金を結婚・子育てに充てたい（充ててもらいたい）

●孫への贈与

□相続人ではない孫がいる

□孫への遺贈を行わない

□生命保険金の受取人を孫に指定しない

□相続人が、自分への贈与を親へ頼みづらく、孫（自分の子）への贈与なら言い出しやすい

いずれの方法をとるときも、必ず税理士などの専門家に相談をしましょう。

※国税庁が運営する電話相談センター（国税相談専用ダイヤル）では税の制度や法令などの解釈・適用について教えてもらえる（0570-00-5901）

まとめ

第5章

かしこい税対策「生前贈与」のポイント

- 「今ある資産を減らす」ことで、比較的手軽に相続税を節税できる

- 暦年贈与で毎年110万円ずつ贈与をすれば、資産を減らすことができ、節税につながる

- 「相続時精算課税制度」を活用すると、2500万円まで非課税で贈与できる（持ち戻しはあり）

- 都度生活費を贈与したり、教育や結婚・育児の資金を贈与したりすることで、資産を減らし、税金も軽減できる

- 被相続人（親）が生きているうちに贈与をしてもらえば、相続人（子）は感謝の気持ちを直接伝えることができる

子供に財産を
確実に遺すために……

自分が被相続人になったときに備える

自分が死亡したあと、できるだけ多くの財産を子供に渡してあげるには、今からどんな準備をすればよいのでしょうか。3つの方法を紹介します。

1. 財産のありかを伝えておく

相続の対象となる財産をきちんと整理しておきましょう。どこに、どのような形の財産がいくらあるのかをリスト化し、共有しておくことで、あなたが亡くなったあとの手続きがスムーズに進みます。亡くなってから財産の調査をしようとすると大変な作業になり、調査から漏れてしまう財産があった……という事態を防ぐことができます。また、不動産を所有する人は、評価額を確認しておくとよいでしょう。もし時間があるならば、弁護士や司法書士へ依頼して、財産目録を作成し、定期的に更新ができるとベストです。

2. 遺言書を作成する

今のうちから遺言書を作成しておきましょう。誰に、何の財産を、いくら渡すのか、明記しておくことで相続争いを防ぎます。遺言書は自分で作成することもできますが、ルールにのっとった書き方ができていないと無効になってしまいます。不安であれば専門家へ依頼をしましょう。公証役場で作成することもおすすめです。遺言書を書き換えたいときは新しく作成ができます。その場合、最新の遺言書が効力を持ちます。

3. 最新の相続・生前贈与にまつわる情報をチェック・共有する

相続・生前贈与にかかわる制度や法律は社会情勢などを鑑みて変更されることがあります。例えば、2023 年は「空き家特例」の適用期間が延長されたり、「固定資産税のデジタル化」が始まったりする動きがありました。もしこういった最新の事情を知って親子で共有していれば、子供の負担を軽くすることができるかもしれません。あなたが空き家を所有している場合、今のうちに特例を使えるか調べておけば、準備ができます。万一あなたが突然死してしまっても、子は固定資産税の通知書や納付書を探すときにパソコンの中も確認してみようと思いつくかもしれません。インターネットや書籍、各種相談窓口などを活用しながら、最新の情報を親子で話し合っておくと、もしものときに慌てなくて済みます。

相続にまつわる主な問い合わせ先

問い合わせ事項	相談先	連絡先
遺言・相続等に関する法律相談	法テラス （日本司法支援センター）	0570-078374
国税に関する一般的な相談 （制度や法令等の解釈・適用）	国税相談専用ダイヤル （国税庁）	0570-00-5901
トラブルなどの弁護士への相談	ひまわりお悩み110番 （日本弁護士連合会）	0570-783-110
民法等の改正について知りたい	法務省民事局参事官室	03-3580-4111
遺言書の保管方法について知りたい	法務省民事局商事課	
公正証書遺言についての相談	全国各地の公証役場 （日本公証人連合会）	https://www.koshonin.gr.jp/list
税についての相談	相談会など （日本税理士会連合会）	https://www.nichizeiren.or.jp/consultation/info/
	税務相談室（公益財団法人日本税務研究センター）	03-3492-6016

これって何?

固定資産税のデジタル化

2023年より、通知や納付をオンラインで済ませられるようになった。

空き家特例

古い空き家を相続した人が耐震基準を満たしたり、取り壊しをしたあとにその家屋または敷地を譲渡した場合、譲渡所得の金額から3000万円控除が適用される。

おわりに

遺産相続ではやらなくてはならないことがたくさん待っています。

人が亡くなること。

お金の計算をすること。

このふたつと正面から向き合わなくてはいけないのが相続です。

「考えたくない」と思ってしまうのは当然のことだといえるでしょう。

法律を理解しながら、煩雑な事務手続きを粛々《しゅくしゅく》と進めていくのは簡単なことではありません。相続をきっかけに人間関係がこじれてしまうケースも多々あり、感情の面で大きく乱されてしまうこともあるでしょう。本書を片手に、専門家と二人三脚で相続を進めていくとスムーズかもしれません。

親が築いてくれた大切な財産を、感謝の気持ちを込めて受け取れるよう、今のうちから備えていきましょう。

1000人の「そこが知りたい！」を集めました
お金に弱い人のための 面倒が起きない相続

2024年2月14日　第1刷発行

発行所　株式会社オレンジページ
〒108-8357 東京都港区三田1-4-28 三田国際ビル
電話　ご意見ダイヤル 03-3456-6672
販売（書店専用ダイヤル）03-3456-6676
販売（読者注文ダイヤル）0120-580799
発行人　鈴木善行
印刷　株式会社シナノ　Printed in Japan

監修　円満相続税理士法人大宮事務所 代表税理士　加藤海成
編集協力　株式会社フリート（中川純一　柴野可南子　星 咲良　阿山咲春　菊池里菜）
校正　みね工房
ライティング　宇野美香子
デザイン　笛木 暁
イラスト・漫画　新里 碧
編集　今田光子　嶋田安芸子